共助社会の戦士たち

・社会的企業　成功への処方箋―

ワーク三島専務理事・事務局長
学教授

静新新書
043

はじめに

私のこれまでの仕事としては、静岡県庁職員を35年間勤め、大学教授をまる4年間勤めたことになります。執拗にこだわり、並行してやり続けてきたことは、NPO・ボランティア活動です。本当によく飽きずに、疲れず、放り出さず、約20年近くにわたって続けてこられたものだと、自分なりに感心します。その中でも、最も時間を割いてきたのが、NPO法人「グラウンドワーク三島」の活動です。

環境悪化が進行した「水の都・三島」の水辺自然再生を目指し、活動の胎動期から数えると、約25年間、グラウンドワーク三島を設立してからは、平成24年度において、節目の20周年目になります。現在では、三島市内を中心に約50箇所以上において、具体的な環境改善の実践地区が広がり、地域住民を中心として、市民・NPO・行政・企業・専門家・学校・子どもたち・商工業者・農業者・大学など多方面の人々・組織との有機的なつながりが構築されています。

グラウンドワーク三島は、まさに、課題解決に関わる多様な利害者・関係者の「調整・仲介役」であり、潜在的で未活用な地域力や市民力を束ねていく、コーディネイターの役割を果たしてきました。街やふるさとに対する愛着心や愛郷心は潜在的には誰もが心に秘めています。しかし、現実社会の中で、どんな場面で、どんな立場で、どんな役割が果たせるのか、具体的な行動をどのように起こせばいいのか、自発的・内発的に考えることは難しいと思います。

すなわち、誰しも仕事以外での自己表現や社会的役割を発見することは簡単ではありません。そこで、この「舞台・場づくり」が、私の社会的な役割と責務だと考えています。具体的には、「人は社会において最も重要な資源だと評価し、仕事以外の社会的な領域において、十分に自分の能力や専門性、街への思い・アイデア・夢などを発揮できる活躍の場づくり、もう一人の自分を最大限に表現できる夢舞台を創ること」と考え、懸命に諸活動を続けてきました。

グラウンドワーク三島の活動は、環境再生から地域再生、農業再生、コミュニティビジネス、国際交流など、多様な活動のメニュー・プログラムが用意されています。連携する組織も20団体に拡大し、ホタルの保護から水中花・三島梅花藻の増殖、学校ビオトープの建設・河川愛護まで各団体の専門性とパートナーシップの力を生かして、創造的な成果と実績を蓄積してきています。

支援していただけるボランティアの数は、３００人以上、企業や支援者とのネットワークは２００団体以上にもおよび、どんな困難な取り組みが求められても、臨機応変・迅速・果敢に対応できる足腰の強い組織ができたと考えています。今回の東日本大震災への支援活動への取り組みも、70回以上の街頭募金、支援物資の提供、多様な支援団体の発掘、約１１００人の被災児童の受け入れなど、「心のケア」に重点を置いた対応を行ってきました。

多くの人々が連携・協働し、仕事以外の社会的な役割を果たしていけば、今以上に、多様なサービスが生まれ、行政や政治に依存しない、地域独自の自立した社会システムが創造できます。震災の影響もあり、地域固有のコミュニティの再興がより強く求められている中で、グラウンドワーク三島による20年間にわたる社会実験の成果は、多様な人々の知恵と行動を結集したパートナーシップとネットワークの有益性と効率性を実証しています。

一体、何が、多様な活動を続けようとする、私のモチベーションの「源泉・原動力・推進力」になっているのでしょうか。「何のために苦労を続けているのか、妻や家族との大切な時間をやや犠牲にしてまで、ＮＰＯ活動を止めようとしないのか」私自身も時々迷うことがあります。

人は生きていくためには、仕事をしていかなくてはなりません。当然、自分の考え方や意に沿わない仕事でも自分の本音や判断を押し殺して、妥協・対応していかなくてはならないことも多いと思います。さらには、仕事内での理不尽さや自分自身の不甲斐なさに、忸怩たる思いを持ち自己嫌悪に落ち込むことも多々あります。私も、そんな不安定な精神状態に陥ることがよくありました。

当然、人は信念や正義の心だけでは、矛盾が渦巻く現実社会の中では生きていくことは難しいし、そこで生き残っていくことはさらに難しいと思います。私も、この大人社会の「道理・現実」を理解してきたつもりです。だから、県庁職員としての仕事もそれなりにこなし、用地交渉に苦しんだ空港対策課や市民目線の新たな仕事に挑戦したＮＰＯ推進室の仕事も人並み以上にこなし、家族を支え、生活を守ってきました。

しかし、もしも私が、この県庁の仕事の領域だけに特化していれば、多分、三島の水辺再生はなかったと思います。いろいろなことを犠牲にして、グラウンドワーク三島の活動に没頭したからこそ、今の成果が残ったと生意気にも考えています。当然、私一人で困難や障害を乗りこえられたわけでもなく、多くの方々の支援と協力があってのことです。

平成24年は、グラウンドワーク三島が設立されて20周年を迎えます。いままで全力で走ってきたし、創造的・先進的な事業に挑戦してきました。さらに、これから取り組まなければならない困難で意義ある事業（松毛川千年の森づくり事業、境川・清住緑地大湧水公園づくり）も目白押しです。確かに、20周年は重要な「節目」の年です。しかし、私はこれもまた「通過点」に過ぎないと考えています。今後は、現在までの実績と評価を踏まえ、新たなる事業への挑戦を前提として、組織の強化・再編に取り組んでいきます。

グラウンドワーク三島への「原点回帰」による地域活動の強化、市民会社としての株式会社の創業、人材育成のための大学院大学の創設など、次なるステージに向けて、ワクワク・ドキドキの密度の濃い日々を、多くの仲間や支援者とともに過ごしていきたいと考えています。新たな戦いと試行錯誤がまだまだ続きそうです。少しは暴飲暴食を控え、2桁の体重を目指し、イメチェンに邁進します。

本書は、私の講演内容をベースとして、文章に書き直したものであり、時々、語りかけている文章が出てきます。また、冷たい駄洒落もいくつか出てきますので寒くなります。NPOの事務局長として、自分が感じ、蓄積してきたあれこれを、軽妙な「渡辺節・ジャンボ節」で楽しく語っていますので、文章としては少し違和感を感ずる部分もあるかと思いますが、講演を聞いているような臨場感と真意が伝われればと考え、あまり訂正せずに再現してあります。皆さまの諸活動の何らかの参考としていただければ幸いです。

目次

【NPO運営編】

第1章　NPOという組織

NPOは自由闊達な組織

NPOは自由闊達な組織です。もし皆さんが、NPOの組織に関係していて、「私は事務局長で、あなたはスタッフ・ボランティアですから、私の言うことを聞いてください」とやや命令口調、上から目線で言われたら、ムッとしませんか。

職場・会社で同じようなことを言われても、多分、同じようにムッとすると思います。しかし、現実的には、気晴らしに夜飲みに行って、便所の横に本人を呼びつけ、ちょっと足を踏むくらいの反抗の行為がせいぜいです。特に、上司の場合だったら、クビになる危険もあり、我慢せざるを得ないわけです。給与をもらっている場合は、行動に制約が課せられます。

しかし、善意や奉仕の意思が、活動基盤になっているNPOにおいては、参加者は自分の魂を売っているわけじゃなくて、魂をレンタルしているくらいのものです。NPOにおいては、自分の魂や誇りを組織に売り渡すということはありえないわけです。そういう意味でNPOは、参加者の自立性を尊重する「自由闊達な組織」といえます。

それでは、ＮＰＯは人々をどんな手段で制約しているのでしょうか。組織として、本当に、目的意識を共有できているのでしょうか。うまく行っているＮＰＯは、リーダーの「実力」なんでしょうか。あるいは、大いなる「夢」で牽引するのでしょうか。あるいは、第三者に喜んでもらうことの共助の「喜び」でしょうか。

ＮＰＯ内部において、いろいろな要素・問題意識は共有できているのでしょうか。共有していないとすると、組織とはいえません。バラバラだったとしたら、個人の活動になってしまいます。個人の活動というのは、個人が活動を止めると終わりになってしまいます。

しかし、組織の活動は、個人が病気になったとしても、問題なく継続されていくものです。ＮＰＯの組織は自由が前提になってはいますが、個人の自由だけが優先されるものではありません。この要素が、ＮＰＯの難しさ・複雑さを表しており、ＮＰＯの楽しさ・いい加減さということになります。ＮＰＯは、この「いい加減の要素」が重要なのです。分かりますよね、この「いい加減」の意味、いろいろの事柄が、「自由にして、臨機応変、変幻自在、迷走飛行、想定外」ということです。

この自由の意味は、「創造力」を指しておりまして、私は、「パンツのゴム理論」と呼んでいます。皆さん、パンツをはいていますよね。はいてない人は手を挙げていただけますか。

パンツのゴムというものの縛り具合は、結構、難しいんです。

パンツのゴムをぐっと締めると、安心して走り回れるんです。しかし、そのままで夜寝ると、けっこう締めつけられて、苦しいんです。リスクは少なく安心するんですけれども、よく考えると、リスクが大きいというか、後になって、影響がでてきたりするわけです。それでは、と緩めると、自由になってちょっと楽そうに見えますけど、今度は危険がいっぱいになります。時々、パンツがずれてしまう危険性がありますので、常に緊張感にあふれていまず。というわけで、どの辺の締め具合・心持ちが自分に合ったパンツの締め具合なのかという話になるわけです。

パンツをはいていない人はいないと思います。毎日、はくわけです。人は、生まれるとオシメをはいて、途中からパンツをはいて、最後にはまたオシメになって、「オシメー」だ、ということになるわけです。このパンツの適切な締め具合、丁度いい心持ちを探すのが、NPOの事務局長の仕事のような気がします。皆さん、いかがですか。少し説明に無理がありますか。

会社でもそういうことがあるかもしれません。会社は利益至上主義です。失礼かもしれませんが、社員は、会社の「道具」です。生産性向上のための「歯車」です。NPOにおいて、そのような考え方でボランテイアの皆さんを扱かったら、たぶん誰もついて来てくれないと思います。極端なことを言えば、一人一人の身体の具合、パンツの締め具合に適合できるように、個性を尊重した運営といいますか、取扱といいますか、思い入れといいますか、思いやりと言いますか、そういう視点・感性を常に思考していないと、NPOは、本質的に自由闊達な組織にはなり得ないと思います。そんな意味合いでも、NPOは、大変に難しい組織といえます。

NPOは大人の学校

NPOに関わる中にはいろいろな人がいますので、私はNPOを「大人の学校」だと言っています。これも非常に失礼な言いがってですよね。立場もある、経験もある、人生の機微と言いますか、いろんなものを体験した人に対して、この年になって、今さら、大人の学校だとは何事だと言われるかもしれません。私自身、地域にいろいろと調整に入っていますが、説明会やワークショップを含め、自然観察会とか、ゴミ拾いとか、植林活動を含めて、一番苦労している対象者というのは、地域住民です。

一方、子どもに苦労したことは正直、ほとんどありません。源兵衛川[※1]に案内し、松毛川[※2]を案内し、ボートに乗せて森を観察した時のあの子どもたちの目の輝き、一生懸命にゴミを拾ってくれ、鎌も危ないですけれども、「構わないで」と言いながら、恐れずに使ってくれる。ああいう姿を見ると、すごく純粋で、誰がリーダーかも、あるいは誰の言うことを聞けばいいのかも、自分の身の処し方も含めて理解してくれる。文句を言う子は一人もいません。しかし、大人を案内すると、ああじゃない、こうじゃない、あげくの果てには、水を用意しろとか、弁当がないと怒られたり、知らないうちに、ふっと道路にペットボトルを捨ててみたり、そういう人が実はいるわけです。

町内の人はけっこう口が達者です。ぺらぺらぺらぺら、よく喋ります。そのまま喋りながら「千の風」になってしまってもらいたいくらいです。建設的な意見は、なかなか聞かれません。政治や行政への文句と世間話がほとんどです。よくも、こんな考え方で生きてこられたなあ、68歳、町内会長さん、あなたのことですよ、みたいな世界です。

というわけで、NPOの諸活動は、本当に大人の学校だと思います。民主主義の原点という意味で言うと、「自律」すなわち、自己責任を果たすということです。この、自己責任という規範を学んでいただく、実践的な「学習の場」だと思っています。

自分がやったことに自分が責任を持つということは、皆さん大人なので十分にお分かりですよね。地域単位で、松毛川を考えた時に、あるいは源兵衛川の昔を考えた時に、森を放置し、川を汚した人は一体誰だったんでしょうか。北海道の人ですか。奄美大島の人ですか。違いますよね。三島の人たち自身なのです。正直言うと、こんなに悲しいこと、こんなに悔しいこと、こんなに切ないことはないと思いませんか。それが26年間も続き、愚直な市民運動もありませんでした。

松毛川に放棄されているゴミの量に、現場に行った人は驚きます。山のようにゴミが捨てられています。一体、誰がこんなに大量のゴミを捨てたのでしょうか。もしかしたら残念ながら地元の農家や地域住民が捨てているのかもしれません。そのようなことだとしたら、地元・地域としての自己責任を果たしているとは思えません。「ゴミを拾わず、下水道につながず」だから、結果として、大量のゴミが捨てられ、川が汚れているのです。地域住民に対して、どのようにして、自己責任の意識を理解してもらうかということが、ＮＰＯの責任であり、社会的な役割だと考えています。

注１　源兵衛川…昭和30年代には生活排水やゴミの投棄などで悪臭を放つ汚れた川だった三島市の中心市街地に流れる湧水河川。グラウンドワーク三島による水辺の再生活動で美しい姿を取り戻した。

注２　松毛川…三島市と沼津市の境界地域にある三日月形の止水域である松毛川。貴重な水辺自然環境の悪化を保護、改善するためにグラウンドワーク三島が現在活動中の現場。

行政とは違うＮＰＯの社会的役割

ＮＰＯが対応しようとする、地域住民の意識変革は、行政には対応しにくい活動領域だと考えています。行政が、意識変革の領域に入ってきたとたんに、基本的人権の侵害や内政干渉、補償費の支払い請求など、問題が複雑化して対応不可能になると思います。

具体的な事例として、源兵衛川の場合を考えてみます。当時、川の延長約1.5キロの流域には、約2万人の住民が住んでいました。その範囲において、下水道への未接続の人について、三島市に聞いたところ、台帳はあるけど調べていない、図面上に落としてないとのことでした。

整備前の源兵衛川（1980年代）

そこで、仕方がなく、1000分の1の図面を三島市よりいただき、切り貼りしました。源兵衛川は、蛇行しており、全体では、畳4帖敷きくらいになりました。そこに、台帳から未接続の家を一軒一軒調べあげ、赤く塗ってみると全体で約220軒あったんです。見事に、川沿いが真っ赤になりました。川沿い以外は、ほとんど、下水道に接続していました。川沿いの多くの人が、未接続であることが、図面上で明らかになったわけです。

その証拠・事実を踏まえ、最初は三島市が下水道促進モニター制度を創設し、第三者にお

整備後の源兵衛川・水の散歩道

金を支払って、未接続の家庭を一軒一軒回ってもらったんです。そうしたら、彼らは、なんと言ったと思いますか。「ああ、いいよ。接続してやる」、「じゃあ、接続のための資金を補助しろ」と。だいたい１２０万円から２００万円かかるんです。「接続のためのお金をよこせ」と、こういうわけです。「半額よこせ。あるいは、資金を三島市が貸せ。そしたら接続してやる」と。こういう話になっていくわけです。そしたら市役所、怖くなってあっという間に説得を止めてしまいました。

その後を受けて、グラウンドワーク三島が町内会ごとに、アプローチをかけました。流域には、13町内会があるわけですが、未接続の人がいる事実は町内会自体の問

題として扱ってくれるように、お願いに行くというスタイルをとったわけです。ですから、未接続の人たちへのお願いには、グラウンドワーク三島は参加していません。

グラウンドワーク三島が、あまりにも全面に出てしまうと、最初はいいんですが、2、3年経過して、物事がうまくいかなくなった場合に、「グラウンドワーク三島の連中が来て、頼まれたから、町内会は動いたんだ」とか、「なにか問題が起きたら、グラウンドワーク三島に文句を言ってくれ」とかになってしまいます。地域と付き合うための役割分担・不文律は、こんな感覚であることを、是非とも、理解していただきたいのです。

行政が動くと補償工事的になってしまいがちのところを、NPOが、入り込む・調整仲介役になることによって、地域の課題が、自分たち自身の課題として認識され、主体的な活動を誘発し、問題意識を醸成するプロセスを蓄積していくことを実証しています。

パートナーシップ、役割と立場を認め合うこと

パートナーシップという言葉が内在する意味の一つは「対等性」を意味し、もう一つは「独自性」を意味しています。パートナーシップの構築は、今後のNPOの役割として大変、重要な位置を占めています。もしも、NPOが行政にアプローチをする場合、対等の意味を

明確に認識し、必要論や総論・世間話ではなく、対等の現実的な意味と事実を的確に説明できないと、対等性を保持しているとは言えません。ＮＰＯと行政とが、対等性を前提として、相互の独自性を尊重しながら、相互の役割と立場を理解し、認識し合うことだと考えています。

松毛川河畔林

（１）対等性

対等性の意味について、松毛川の環境保全の活動を事例にして考えてみます。松毛川は、三島市と沼津市にまたがる準用河川であり、２市にまたがっていることから、物事を進めるためには、三島市側と沼津市側、双方へのアプローチが必要になります。当然ですが、沼津市のことについては、三島市長は、対応しません。三島市のことしか、やりません。三島市長に、松毛川の地元の御園地区の皆さんが陳情に行くと、ニコニコして、「素晴らしい森ですね。三島は農道を森沿いに整備します。」と、三島のことしか言いません。

松毛川植林作業

こちらが言っていることは違います。沼津市と三島市はどうするんですかと聞いているのに、なかなか話がかみ合わないわけです。それでは、誰がこの問題の「ノリシロ」になるんでしょうか。誰が両方を行ったり来たりして、一体化していくんでしょうか。現場は一つというのはお分かりでしょう。森は右左岸にありますが、川は一つじゃないですか。これを繋げるのは、NPOのパワーしかないわけです。ですから、その役割を認識しているので、廊下トンビではないけど、グラウンドワーク三島は沼津市に行ってみたり、三島市に行ってみたり、沼津の市会議員や三島の市会議員に頼み、全体は国土交通省ですから、国土交通省の出先事務所に行ってみたり、国会議員を頼みに行ってみたり、何回も頼みに行ってみたら選挙で落選して辞めちゃったみたいな、そんな、煩雑な調整作業を担っています。

（２）独自性

もう一つは、独自性です。要するに、これは地元との関係になってきます。例えば、御園地区の町内会長は、いろいろと頑張ってくれていますけど、頑張りすぎると、たぶん次は町内会長を首になっちゃうと思うんです。皆に批判されて、町内会長が孤立しちゃうじゃないですか。ですから、町内会長は、いつも中立的なセーフティーネットをはっておかないと支援者としての立場が難しくなってしまいます。応援団だということはよく分かっているわけです。応援団って、すごい貴重な存在じゃないですか。そういう人たちを地域から浮かしてしまうようことになったら地域とのパイプ役がいなくなっちゃうわけです。

しかし、地域というのは、すごく、ドロドロしています。お分かりのように、いろんな利害関係者が存在し、難しいわけです。そこを繋ぐための重要なパイプ役・キーマンですからね。そういう意味合いでは、我々ＮＰＯとしての夢や独自性はあるんですけれども、町内の事情というものが、まずは前提条件として大きく存在しているわけです。地縁組織のしがらみや特性をよく理解し、町内会長の立場も立てながらやっていくという独自性を、皆さんは理解できますか。このような多様な要素が絡み合って、初めて自己責任という領域にたどり着くんではないかと思います。

自律、自己責任の領域はすごく簡単です。自分の家の前の幅だけ、幅に落ちたゴミだけ拾ってくださいということを守ってくれれば、それでいいんです。あとは足し算でいっちゃいますから。自分の家の前、目の前、お便所が見えたりお勝手が見えたり、その範囲だけ拾ってくださいという風に物事を理解していただければ、これは達成できます。

自立は、お分かりのように主体性です。自分たちで考えること、自発性です。自分たちで物事を進める、そういう意識をどうやって植え付けるのかは、NPOの社会的な使命・テーマです。NPOの関係者は、もしかしたら、人間の「心」を大きく変える、「変革の獅子」、四四十六、こう来るわけです。ここになんとかして繋げたくて、話を持ってきたわけですけども、変革の四四十六が、非常に重要な要素になります。

それゆえ、NPOは独立した組織であり、行政や企業とは、根本的に違う社会的な役割と機能をもった、独立した存在だということを意識し、自信を持って活動していただきたいと期待しております。いろんなご苦労があるかとは思いますが、強い期待のメッセージを送りたいと思います。

第2章　ＮＰＯの社会的位置づけ

根上がり松は何を意味しているのか

多様なＮＰＯの評価がある中で、ＮＰＯの社会的な位置づけが大事だと思います。何故かと言うと、皆さん、活動に疲れたり、何か障害にぶつかると、いったい私は何のために生きているのかというと大袈裟なんですが、何のために頑張っているのかと心が折れてしまうときがあると思うんです。一緒に活動している仲間の不協和音というんでしょうか、ちょっとした亀裂というんでしょうか、そういうことが出てきたときに、関係者を繋ぎとめて行く「力・絆」が大事だと思うんです。

ＮＰＯの活動は、やはり社会を変えていく、地域を変えていく、「大きな力」だと思います。福祉やフリースクール、森づくり、環境運動、小さなビジネスなどの多様な活動があるのは、皆さんお分かりのことだと思います。そういうものは、今は小さな挑戦、小さな試行錯誤をしているんだと思いますが、継続性の中から、今後、必ず芽は出てくるんだという自信を持っていただきたい。ＮＰＯは、皆さん方の趣味や嗜好で動いているんではないという自信をもっていただきたいと思います。

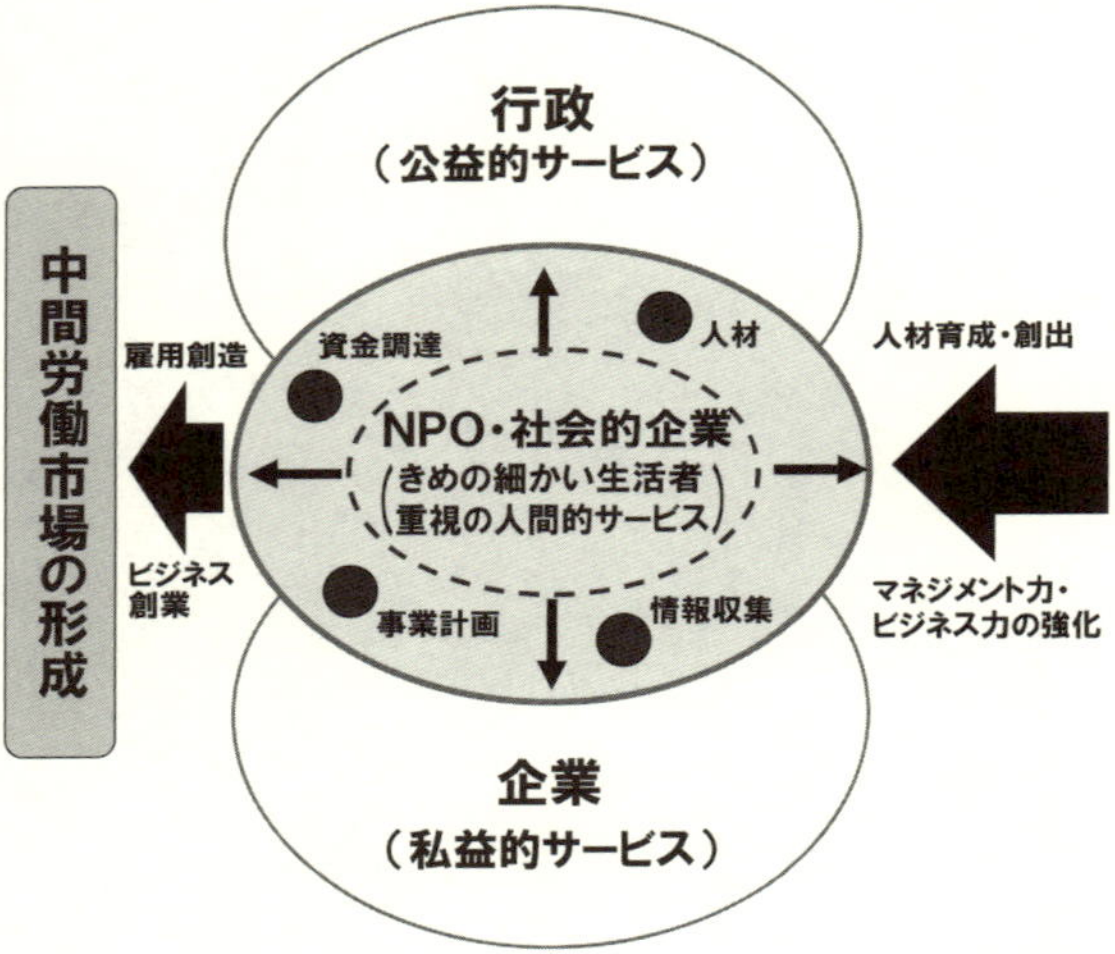

提案の背景　図1

一つは一つです。しかし一つから全てが始まります。二つから始まる場合もあるかもしれませんが、まず初めは、一つからだと思うんです。その一つを今、皆さんは始めようとしているわけです。しかし、大きな思いとは何ですかということを考えた時には行政と企業・NPO社会的企業の三つのマル同士（図1参照）の関係が大事だと思います。今回、地域社会雇用創造事業で10億円をとった時に、あえて、私は、この関連図をプレゼンの資料に付けたんです。市民・行政・企業・NPO、それぞれの活動が、今後どのように関わり、新しい地域や社会を作っていくのか。皆さんは、社会を変えていくための、「捨て石」になるのかもしれません。

皆さん、根上がり松というものを、ご存じですか。樹林というものは倒木更新で倒れていくわけです。そこから、新芽が出て成長していきます。大きな木の周辺にできる根が大きな木をまくように、その上から木が育っていくんです。中が空洞になり、人が通れるようになる。ですから、皆さんは、もしかしたら、倒木更新の倒木かもしれません。その倒木の上に大きな木・新しい社会が育っていくわけです。その大きな木が、これからの社会の中で、何をやりたいのか、聞きたいわけです。

限界に近付いている行政と企業の役割

私は、今後の社会のあり方を考えた時に、社会的な役割を担うセクター同士の役割分担が重要だと考えています。例えば、行政と企業について考えてみます。行政は公益的なサービスを提供する役割を担っています。税金を原資にして、中立性、公正性、均一性、均等性、均質性を担保して、要するに、画一的なサービスを提供してきました。その結果、組織が肥大化し、２０１１年12月末で約９５９兆円もの債務・借金を国は抱え、債務上昇の勢いは止まりません。

皆さんは、何となく、今後、行政がさらに弱り切り、何か頼りきれないような気がしませんか。実際今の行政のサービスを維持していくためには、「増税」しかないんです。皆さんの税金の捕捉率を上げるしかないじゃないですか。「低負担で高サービス」を本当に提供できるんでしょうか。今の政府は「高負担で高サービス」をとおっしゃっていますが、こんなこと当たり前じゃないですか。そういう意味では、何か行政の機能や役割が限界に近付いていると思いませんか。

それでは、企業はどうなっているのでしょうか。先日も日産のカルロス・ゴーン社長が電気自動車を作って世界を変えるみたいなことをおっしゃっていましたが、私は理解できない部分があります。タイで生産した日産マーチが１００万円台の価格で販売されています。ナビをつけた高性能の車が今、爆発的に売れ始めていますが、タイで生産されたものです。

一体、これらの利益は、どこに残るのでしょうか。日本の従業員は、主に、どこで働いているんでしょうか。日産という車はタイという国を豊かにするために海外において生産活動を展開し、市場として日本が存在しているだけでしょうか。１００万円でマーチが売れたら、利益のほとんどが、日産に入り、最終的には投資家・株主に利益が配当されます。

利益の一部が、約10億円のカルロス・ゴーン社長の給料になるわけです。社長在任中ですでに、百何十億円もの年収をもらっていらっしゃるようですが、老婆心ですが、何に使っているんですか。現在までに、会社の利益を確保するために、随分、沢山の労働者・職員の人員削減・首切りを断行してきました。２００９年には世界のグループ従業員の10％に当たる約2万1千人もの人員削減を行いました。追浜工場では２０１２年6月に生産ラインが15％停止してしまい、街が経済的に打撃を受け、停滞が心配されています。タイで車を生産し、次は、中国、メキシコなどで車を生産するそうですけども、日本の会社と社員は、どうなってしまうんでしょうか。今後とも、国内においては、どんどん首が切られていきます。若い人たちは、どこで働けばいいのでしょうか。

利益優先・株主重視が、企業の社会的な使命です。企業は、株主・投資家のために存在しています。この有様を概観するに、企業としての社会的な役割を果たしていません。

まさに、企業は株主のために存在し、利益は株主に分配する「株主分配の法則」を尊守することを定義づけられた組織であると言っても過言ではありません。間接的には当然、働いている人の給料や福祉、厚生、法人税の負担を含めて、大きな役割を果たしています。しかし、実態は、法人税を安くし、その代りに、消費税を上げるんですか。社会性や公益性をあまり理解しない企業を優遇し、従属的な立場にある国民にさらなる負担を強いるのが、政府の基本的な考え方だとしたら理解できません。こんなに偏執的で身勝手な企業は、社会悪の部分が肥大化し社会的な役割が限界に近づいているのではないかと考えています。

きめ細やかで生活者重視の人間的な新しいサービス

社会がどんどん委縮して小さくなったときには、大きな歪みや隙間が発生します。この歪みや隙間はサービスの低下を意味します。そのことにより、社会が混乱してくると思うんです。その一環として心が乱れ、自殺者が増え、そして、社会が混沌化して不安で危険な社会が生まれてきます。

別に喜んで言っているんじゃないです。悲しんで言っているんです。それでは、その問題を解決するためには、どうしたらいいのでしょうか。私は、ボランティアやNPOに関わっている人たちは、このような危険性が増大した社会の「セーフティーネット」の役割を果たしていると思っています。その役割が、NPOの独自性だという風に理解をしています。言葉を変えて言うと、皆さんには大いなる事業家への可能性、チャンスが残されているし、今後、益々、ビジネスチャンスが大きくなると考えています。

このいわゆる新しいサービスを提供する機能は、きめの細かい生活者重視の「人間的なサービス」です。人間的なサービスこそ、贅沢で、心がこもって、暖かくて、人を救うサービスなんです。手を握る。言葉をかける。優しく手を差し出す。疲れたら優しい言葉をかけていく。寝たきりになったら皆で支える。地域の中にある宝を皆で探して、資源化していく。皆の力が結集するじゃないですか。そして、社会・地域の中で、人が一番の財産なんだと、一番の資源なんだと、いうふうに思える社会が生まれてくるんです。

今、中国はものすごい勢いで、静岡県、山梨に進出して、大変なことになっています。水を求めて山林や湧水池を買いまくっています。実は、私のところに中国の商社から富士山の水が欲しいという話が来まして、月に２００万本供給してください、全部買いますよと言ってきました。さらに、１千万本の水を買いますと、言ってきているんです。中国で富士山ブランドで売りたいのです。今後、中国で欲しいものは、ガソリンよりも、水です。水を求めて日本中に、この富士山周辺に、怒涛のごとく流れ込んできています。それがなぜ社会問題にならないのか。本当に脳天気な幸せな国日本です。

一方で三島市内にある、湧水池の「雷井戸」はグラウンドワーク三島が買ったものです。３００万円かけて73坪の土地を買収しました。本法人が、守り、伝えています。保護・保全するために、多くの支援者を集め、トラスト運動を展開して資金を集めました。絶対に手を付けられないように、セーフティーネットを張ってあるわけです。ある意味で、命がけで湧水池を守っています。

しかし、一方で山林保護の重要性を理解していない、土地所有者が、湧水池が存在している山林を安易な考え方で中国人に売却している。あるいは、中国人が直接買収できない場合は、代替の日本の不動産業者が入り込んでいます。この間、山梨のある所に行ったら、「ジャンボさん、最近、なんで、こんなくだらない山を買いに来るのかね」と言うから、「何を言っているんですか。水を買いに来ているんです。まだ売っていませんよね」と言ったら、「もう売っちゃった」と脳天気なものでした。

こんな有様では、将来的には、東洋最大の湧水群といわれる、「柿田川」を買いに来るかもしれません。静岡県の一年の予算である約1兆2千億円で買いますと、言って来るかもしれません。水は「命の源」ですから、水危機が迫る、中国にとっては、安い買い物なのかもしれません。

話が、少しずれてしまいましたが、きめの細かいサービスを提供する新たなサービスとは、弱者を大切にする「共助社会」を支える仕組みであり、日本社会の今後のあり方や方向性を示唆する、救世主になるものと考えています。

イギリスの国家戦略とNPO

グラウンドワークUKには、現在、職員が2000人います。年間の予算が280億円です。連合体の職員が全員、有給スタッフです。この組織は、日本的に言うとNPOであり、イギリスでは「ボランタリーセクター」と呼ばれています。そして、このボランタリーセクターで働いている人は48万5千人とも言われていますが、すべての人が有償・有給で働いています。

日本のNPOにおいて、給料を年収1千万円近く、もらっている人が現実的に存在しているのでしょうか。皆さん、私が、そうだと見栄を張ってください。しかし、実際は財産を売らなければならないなど、日本のNPOは、貧しいのが現実の姿だと思います。

しかし、英国のトラストの所長の年収は、700万円くらいです。これは日本でいえば、NPOの代表者の年収です。職員でも、役人と同様の給与を貰っています。

ですから、グラウンドワークトラストの所長であるロビン・ヘンショウ氏からは、20年間にわたって、「なんでジャンボさん、給与をグラウンドワーク三島から貰わないの」「給与をもらわなくて責任あることができるの」「給与をもらわなくて品質が担保できるの」「給与をもらわなくて事故が起きた時の責任を背負えるの」、「給与を貰わなくて的確な人材を持続的に育成できるの」「給与をもらわなくて発展的な組織を作ることができるの」と、言われ続けてきました。返事が難しいですね。以前は、役人だったし、今は、公立大学の先生をやっているので、給与を貰うことには困難が伴います。しかし、「おかしい」「そんな馬鹿なこと、あるはずがない」と反論されます。

将来的には、日本のＮＰＯにおいても、ご飯がしっかりと食べられる、ＮＰＯの世界において生きていける、そのような労働条件の職場にしなくてはなりません。その労働環境・前提条件を実現するためには、ＮＰＯとして、何が足りないのかを考えていただきたいのです。

イギリスでの歴史的な経過や背景を調べてみますと、いろいろと変節を繰り返しています。ＮＰＯの社会的な評価の変節を分析する中で、社会保障を見てみると、「ゆりかごから墓場まで」と言われていたように、１９８０年代以前は、イギリスでは国民をきめ細かく支えていける国力・財力を有していました。生まれてから死ぬまで、揺り籠から墓場まで、国がしっかりと、お世話しましょうと言うことだったのです。それが、日本的に言えば、国家予算の20数％までに社会保障費が増え、その負担を担いきれなくなり、財政が破綻し、サッチャー首相の保守党に労働党から政権交代されたわけです。

例えば、社会保障を受け、生活を支えている人が、月20万円受け取っているとします。これには税金がかからず、まるまるもらえます。しかし、働いて20万円の給料をもらう人は、30％近くの税金を支払わなくてはなりません。同じ20万円をもらっているのに、この格差と不公正の現実が存在しており、この現実が、働かないで20万円をもらい、年金や失業保険、生活保護を受給したほうが楽と考え、そちら側への移行を誘導しています。

これでは、依存の体質が、国民全体に蔓延し、労働意欲を減退させ、建設的・生産的な社会の構築が困難になっていきます。親子三代にわたり働かない家族も現れ、「弱者へのほどこし意識」が、社会全体の脆弱化を促進・加速させたといえます。その手当と補償の連続性と蓄積により、大英帝国が倒産してしまったのです。

その後、イギリスは、サッチャー、ブレアと政権が移行していきましたが、二代にわたる24年間で成し遂げたことは、社会保障に頼る人たちを自立させ、その人たちが自発的に、小さな地域で商売をやって、自分たちで食べて行ける、社会保障に頼らない意識改革への多様な取り組みを推進したわけです。その意識改革の先頭に立ったのが、「ボランタリーセクター」であり、サッチャー時代の13年間で15万団体、ブレア時代の9年間で25万団体、合わせて、40万団体ものボランタリーセクターを育成したのです。

すなわち、当時のイギリスの社会構造を整理すると、行政や企業のサービスが劣化・委縮することにより、サービスの需要と供給に不均衡が生じ、サービスの低下が起き、社会全体に隙間が発生します。この隙間を埋めるべく、新たなサービスの提供者として、ボランティアセクターを育てる、このセクターが隙間産業であり、社会の新たなセフティーネットといえます。それを、新たな社会システムとして評価し、そのセクターに対して、国家的な資金を投入・補助し、人材を育成し、雇用の場を確保し、弱者の自立を図り、労働者として社会に送り出していく、要は、社会保障に頼らない人を育てていくという、国家的な戦略として制度設計がされているのです。

女性、高齢者が働ける社会

皆さんは、これから、弱者や生活者の現実的な悩みや苦しみを、より理解できる政治家を輩出させる必要があると思いませんか。できたら、その中から、総理大臣を担う女性が出てくるともっと世の中は変わると思いますが。是非、そういう、一つの大きな将来性と方向性を期待して、ＮＰＯ活動など、いろいろに懸命に取り組んでいただきたいと思います。皆さんの地道な小さな活動が、現実社会を変えていく原動力になっていくのです。

イギリスにおいては、ＮＰＯは女性の職場です。日本は、人的な活用の側面から考えると、人材活用において、もったいないことをしています。こんなにも多くの優秀な高学歴の女性が日本社会に存在しているのに、その能力を発揮できる場が身近にはありません。

私の大学で優秀な学生は、ほとんどが女性です。男子学生は、「お酒はあまり飲めません。一緒に海外に行きません。就職がなかなか決まりません」など、迫力、元気力、積極性が希薄化しているように思います。大学でイギリスや韓国の視察旅行に行きますよと誘うと、参加者のほとんどが女子学生になってしまいます。男子学生よ、もっとしっかりと社会の問題を真剣に直視し、自分の役割を見つけなさいと言いたいですね。

男性はどうでもいいとまでは言いません。しかし、多くの女性が、経歴も豊富で、専門性もあり、問題意識も高く、豊かな教養もあり、お酒もそれなりに飲め、男の子のお世話もうまいです。男は、お酒を飲みすぎで吐いてしまいます。それを、女の子が一生懸命に掃除しています。昔は、逆だったんじゃないでしょうか。私のゼミで飲んでも、よく吐くのは男子学生、お世話は女子学生。いろいろと積極的に質問、挑んでくるのは、女性です。というわけで、男はどうでもいいですから、女の人はＮＰＯで頑張りましょう。

能力のある女性が活躍しにくい社会は、もう再編成しましょう。これからは、政府の閣僚はすべて女性でいいと思います。男性は、国会の前のコンクリートを全部コンプレッサーで排除して、日本全国の木を植えて、日本の森を作りましょう。もりあがりますよ。森を作って、ビアガーデンを経営して、国会に物申したい国民との対話・交流・情報交換の集いの場にしませんか。

女性は、現実社会、家庭の中において、国会における様々な大臣・閣僚の役割を担っています。子どもの教育をしており、文部科学大臣です。家庭の会計を管理しており、財務大臣です。お年寄りの世話や子育てをしており、厚生労働大臣です。地域との付き合いもしており、総務大臣です。農業や家庭菜園を栽培しており、農林水産大臣です。家の立てつけや補修なども行い、国土交通大臣です。ゴミの分別や節電対策など、環境大臣です。地域での国際交流も担い、外務大臣です。ＮＰＯや市民活動団体に参加し、国務大臣です。男性は、逆に特定の仕事に関わり過ぎ、専門性が高いが、社会性や汎用性に欠けます。しかし、女性は、家庭生活、日常生活を通して、社会の多様性と交わっているのです。それだけ、生活者や弱者、高齢者の意識、目線に近いといえます。

次に、社会的な大いなる役割を担う可能性を内在しているのは、「高齢者」です。元気な高齢者は、そう簡単には死にません。癌になっても生きがい、やりがいを見つけて、元気を取り戻し、癌が治ってしまった仲間を知っています。身近に、そんな人たちが沢山います。そういう意味合いでは、寝たきりにならない、元気な高齢者を輩出・育成していくことができるのは、ＮＰＯです。自分たちの参加の目的意識を明確に持って、自分の活動の場、自己表現の場ができたとしたら、そう簡単には、寝たきりにはなりにくいです。

最近、高齢者が運転するタクシーに乗ったら、「俺はタクシーの中で死ねたら本望です」と言ったので、「ちょっと待て、俺を一緒に殺さないでよ」と言ったんです。また、知人のお婆さんにあったので、「最近は、何が大変ですか」と聞いたら、「死ぬのが一番、大変ですよ」などと言っていました。そういう、高齢者が、元気に働け、活躍できる場が必要とされています。

ＮＰＯの役割の中で、高齢者の活躍の場づくりは、大変、重要な意味を持っていると思います。高齢者は、豊富な人生経験を踏まえた、「生きる知恵」を持っています。この間、報道で、日本の個人金融資産が約１４００兆円もあり、銀行などで10年以上も預金の出し入れがない「休眠口座」が毎年８００億~９００億あると伝えていました。これを、ＮＰＯの活動の原資として、活用できるような仕組み、制度設計を提言してみませんか。このことをマニフェストとして、国政選挙に立候補してもいいと思いますが、いかがでしょうか。

第3章　NPOの運営

小さなことから手を付けて大きくする

いよいよ、「グラウンドワーク三島」の多様な現場モデルについてお話します。これまで、NPOの社会的な役割や可能性、それから、NPOは市民会社であるということについて説明してきました。今後は、さらに、NPOが起業化していくプロセスやそれに関わる専門的な知識の習得が必要になります。

当然、NPO・ボランティアに関わっている人たちが、そういう意識を持った中で、何から手を付けたらいいかということですが、私は、やはり、小さなことから始めるしかないんじゃないかと考えています。大きくしようとすると、必ず、どこかに、無理がかかりますし、リスクも高くなります。

例えば、規格外野菜の活用についてです。農家の方、2、3人と連携して、売り上げの10%から15%を利益としてバックする、そういう前提条件の中で、朝の5時には、提携農家の畑に行って、掘り起こした農作物を貰い受けてくる。そして、それを街中に設けたカフェで販売するのです。カフェの他、売る場がなければ既存の空き店舗の前を、土曜日、日曜日の午前中、2時間くらい借りたり、駐車場の隅を借りたりというような形で、小さい規模で販売してみる。あるいは、親しい親戚に電話をして、野菜の注文を取り、その数だけ宅配販売もするというものです。

グラウンドワーク三島は、現在までの2年間にわたり、三島街中カフェにおいて、規格外野菜を含めて、野菜を販売してきました。これらは、朝採りの新鮮野菜であり、大変、美味しいことから、商品のほとんどが、30分くらいで売り切れてしまいます。しかし、時々は、売れ残ってしまうこともあります。こんな場合は、高齢者のスタッフによる、年寄りネットワークを最大限に活用して、地縁者へのお願いを含め、毎回、完売しています。結果、一切売れ残っていません。

痒いところに手が届く商売を併用してやっているわけですが、商品が残ってしまうことはほとんどなく、等身大の売り方といえます。この状況で、もう2年近く、やってきています。その効果により、多様な要望が顧客から寄せられています。例えば、「野菜の販売は毎日やって欲しい、介護があり足も悪いことから家を出られないのでお米とかお醤油とかを買ってきてほしい、電気を交換してほしい、コンビニに行って電気代とか水道代を振り込んで来てほしい」といった要望が、特に中心市街地に居住する高齢者から寄せられています。

「日那の膨大な財産が使い切れないので3分の2使ってほしい」、そんな素敵な話は、まったくありません。高齢化と孤独化、在宅介護などが進行・拡大し、日常生活の中で必要とされる小さなサービスが、需要として、新しいビジネスとして拡大してきています。グラウンドワーク三島の一つの小さな挑戦として始めた、三島街中カフェでの取り組みが、高齢者を中心として、社会的需要と直結し、NPOビジネスとして成功できる可能性を拡大しています。まさに、問題を抱えた地域社会・池に、試行の石を投げたら、こんなにもいろいろな要望が舞い込んで来るんだなというのが、正直な感想です。

この三島街中カフェがある周辺は、昔は八百屋が3軒あり、魚屋も2軒あったそうです。今では、これらのお店は無くなり、それ以外の空き店舗も増加しています。そんな意味合いで、商売のチャンス・可能性がある場所に、三島街中カフェを開店したのかなと思います。家賃が月10万円なんですが、利益において家賃分は支払え、少しだけ儲かっています。

ですから、この資金循環が、構築できれば、お店は持続的に営業・商売ができることになります。今後、この「ビジネスモデル」に多様性・汎用性を付加して、さらに強固な形に再編・強化していけば、さらなるアイデアの活用により、大きなビジネスチャンスが、風船が膨らむように到来するのかなと期待しています。この気持ちが、商売の醍醐味であり、薄謝にしろ、無償ではないスタッフの皆さまのモチベーションの源泉ではないかと考えています。

ＮＰＯによる調整・仲介の仕事

ＮＰＯのビジネスのことを考え出すと、源兵衛川再生物語について、いろいろと説明・解説しても、そんな話、もう古い話なのかという気がしてきます。なんで、そんな言い方をするのかというと、今は、源兵衛川は美しくなり、観光資源としてもおおいに活用され、観光客も劇的に増加しています。だから、「汚い川が綺麗になったわけで、今さら、グラウンドワーク三島がそこに関わってどうこうしたと偉そうにいろいろと述べても、情緒的な昔話になっちゃうので、どうでもいい」と思ってしまうのです。一つのドラマではありますが、ＮＰＯの先進的な役割が、終わってしまったような気がするんです。

やはり、ＮＰＯは、常に前向きで、創造的・革新性に満ち溢れ、困難な時代・現実を切り拓いていく力、そういう、一種の興奮状態が、困難に挫けない、モチベーションを創っていくんだと考えています。そういう意味合いでは、三島のまちづくりにおいては、グラウンドワーク三島は、その基盤を形成したものの、今では、多種多様な人々が融合し、「プラスの循環」が起こり始めており、後は、商工業者や若手の経営者など、他の人たちにお任せしておけばいいのかなという気がしているわけです。

しかし、そうは言っても、現実的には、グラウンドワーク三島の役割はまだ大きいものがあります。最大の役割は、やはり、利害者間の調整・仲介の役割だと思います。私は、皆さんが地域の中において、NPOやボランテイア活動をやろうとした時に、活動の主体者・中心的な存在になっていただければと期待しています。実は、この主体者としての立場・存在が、グラウンドワーク活動の最大の機能といえます。多種多様な地域課題、もめ事、そういうような合意形成の前提条件になるものを調整・仲介する機能と役割、それが、グラウンドワーク活動だと考えています。

市民、NPO、企業、行政、その他、いわゆる関係者、例えば、土地改良区、建設業者、農業、町内会、PTA、地縁団体、さらに、専門家、それらの関係者を、グラウンドワーク三島が調整・仲介役になって、「一体化」していく。それが、グラウンドワーク三島の最大の役割だと考えています。

市民に対しては、「大人の学校」ということで、具体的な地域課題に対して、主体的・自立的に取り組めるように、頑張ってもらうというか、行政や政治に依存・甘えない、自発的な意識、意思を持てるような「心」を変える方向に誘導しています。

行政に対しては、課題解決のための政策提言をまずは進めます。例えば、環境悪化や河畔林の倒木が進行する松毛川については、今後の整備のための補助金をどの制度、どの省庁から持ってくるかの提案をさせていただいています。現実的には、浚渫事業や親水公園化事業に関わる工事費として、約10億円は必要になります。ですから、この10億円をどこからもってくるという宿題・課題が存在しているわけです。

一般的には、行政の責任領域であり、ＮＰＯがここまで入り込み、政策提言をする範囲ではなく、本来は、政治が考える責任領域だとも考えています。しかし、すべてを委ねてしまうと、多分、長く時間がかかり、結局、論点が希薄化され、事業が具体化・実現化することは難しいと思います。ＮＰＯが、行政情報の収集の領域まで踏み込み、こんな適切な補助金や制度があることを、行政に対して、「提言書」「プレゼンテーション」し、行政や政治家に問題提起した方が、課題解決への実現への可能性・道筋が早いんじゃないかと思います。

リサーチしてパートナーを知る

この調整・仲介役は、いろいろを勉強し、いろいろを知らないと、その役割を的確に果たすことはできません。何の勉強が最も重要かというと、やはり、「パートナー」である、行政などの実態・状況を知る必要があります。

例えば、彼と彼女が付き合って行く場合、お互い同士の個性とか、特徴とか、いやらしさとか、嘘つき加減みたいなものを知らないと、長く付き合っていくことはできません。男女の関係と同じように、行政のシステムをよく勉強し、さらに、国の補助金システムとか、国の業務委託の仕組みを学び、常に情報収集のアンテナを張っておかないと、グラウンドワーク三島の職員としては対応できません。

松毛川の場合についての話ですが、農林水産省の補助事業で「湛水防除事業」を活用して、約5億円をかけ堆積しているヘドロを浚渫し、治水機能の改善を図ります。また、浸食が進む自然護岸の整備に、約3億円、さらに、河畔林と水辺周辺の親水公園化事業については、農林水産省の「水環境整備事業」を活用して約2億円が必要になります。すべての必要工事費は、全体として約10億円になります。

それらの事業を複合的に導入しないと、松毛川は結果的には良くなりません。単純にNPOの森再生の活動として、植林活動を拡大していっても、所詮、変な言い方ですけど、NPOの自己満足の領域の話になってしまいます。松毛川を源兵衛川のように良くするには、国からの補助金や制度を導入して、的確で長期的な整備計画が策定されないと持続性・発展性が担保されません。

源兵衛川が、なぜ再生・復活できたのかと評価するならば、農林水産省の補助事業である、「農業水利施設高度利用事業」、その後の「水環境整備事業」が採択され、全体として約15億円の補助金が確保できたからこそ、素晴らしい成果が残せたといえます。農林水産省の制度ですから、負担率は、国が50％、県が25％、市が25％でした。補助金で対応不可の領域もありましたが、結果的に三島市の全面的な理解を受け、約3億円を独自に負担していただきました。

その後、静岡県の県単独事業として、「街中がせせらぎ事業」が制度化され、その他の補助金もあわせ導入して、13億8千円で事業がスタートしました。最終的には、中心商店街の範囲において、全体として、約30億円位もの補助金が投入されたことになります。この事業は、5年間かかりました。源兵衛川は、平成元年から2年間、自然環境調査や住民参加の計画づくりを行いました。源兵衛川親水公園化事業は、平成2年から9年までの約8年間にわたり工事を進めました。その後、街中せせらぎ事業が、平成10年から始まり、平成15年に終わっています。13～14年間に、約30億円もの補助金が、街中に集中的に投下されたわけです。

これだけの資金を短期間に投下すれば、当然、街は、格段に綺麗になると思います。グラウンドワーク三島としての最大の役割は、源兵衛川の水辺整備に関わる政策提言を行い、静岡県による事業化を実現し、住民参加の計画策定を成し遂げ、市民主導の「市民公協事業」を日本で初めて実現したことです。行政は性善説では成り立たず、行政の特性や変質性・変身性・いやらしさを理解しないと、やはり戦えません。

さて、もう一方のパートナーである企業は、潜在的に多彩な力を内在しています。技術があり、資材や機材を保持しています。技術力と、専門性を持った人材も豊富です。それらの潜在力を、NPOは、上手に、地域社会に誘導していく、力が必要とされます。その際、お願いしたいのが、「なんとかしてください」とか、「困っていますから応援してください」とか、ひどい時は「お金を援助してください」とか、それらの言葉が出てしまうと、企業との信頼関係の構築は難しくなると思います。

「何をやりたいんですか。やって何になるんですか。支援して何が変わるんですか」について、分かりやすく、的確に説明することが求められます。そのうえで、必要な資機材、例えば、「石が113個、土が7.3トン、芝生が13坪分。水道はここところに欲しい。そのためには塩ビ管が何m必要です」のように、具体的な支援のお願いをする必要があります。そのような対応をしないと、企業だって、具体的に、どの程度支援すればいいのかを理解できず、役割も確認できず、不安になり、支援は難しくなります。そんなことから、物事を進めるためには、まさに、物事の全体が理解できる総合力が必要なのです。

マネジメントの力

組織の円滑な運営管理のためには、「マネジメント」の力が求められます。

夢を言葉や構想図に、あるいは鳥瞰図、俯瞰図にできる人が、お仲間にいらっしゃいますか。いた方がいいですよ。いれば、物事が平面的・立体的に視覚で説明でき、分かりやすくなり、説得力が出ます。一人ではすべてのことには対応できません。様々なことができる人がグラウンドワーク三島には沢山います。元建設会社の支店長さんがいます。彼は、物事の全体的な段取り、仕組みづくりが大変、上手です。物事への対応が繊細で、細かいことまでの配慮が完璧です。昔の部下の皆さんは、苦労したと思います。しかし、見積もりは、正確無比です。このように、グラウンドワーク三島には、物事を的確に処理してくれる専門家が、ボランティアで支援してくれているのです。

その他にも、構想図やポンチ絵を描ける人もいます。生態系の専門家も数十人もいます。なんで、そんなにも多彩な経験知を持った支援者が集まって来てくれたのかと言ったら、源兵衛川の水辺再生の時に、一部、仕事として関ってくれた人たちを、説得し、まちづくりへのロマンを共有して、本法人の応援団になってもらったわけです。私たちにとっては、本当に心強い味方ですが、相手は、不幸の始まりだと感じているかもしれません。しかし、その後も、多様な市民活動を連続的に継続してきましたが、回避せずに、支援していただいております。

このように、専門性のある軍団・母集団を、「絆のネットワーク」で束ね、有機的に結合して、グラウンドワーク三島の諸活動において支援してもらう仕組みをつくることが重要です。その全体像は、バームクーヘンのようになっており、核になる人が、一人、その中心に位置し、活動全体を総合的に管理運営していく仕組みだと思います。

その周辺に、コアになるスタッフが、3人から5人程度、配置されていればいいと思います。これ以上の人数になったら、意見の対立が起き、共有意識の劣化・混乱が起きます。喧嘩になったり、自己主張のぶつかり合いが起きます。お互い同士の悪口の言い合いが陰で始まります。私は、コアメンバーは、3人から5人いれば、十分だと思います。奇数は、いいですよ。意見のバランス、調整がうまく行きます。アイドルグループの嵐は、どうして、うまくいくんですかね。メンバーが5人だからですか。多分、嵐は長続きします。スマップもメンバーは5人です。絶対に長続きすると思います。
一方、この同心円状は楽しくないと続きません。楽しさをどうやって演出するかということも、NPOの持続性のためには、今後、重要なテーマになります。

住民との信頼関係を作り、地に着いたものにする

グラウンドワーク三島の物事の具体的な進め方ですが、まず、中心的な役割を担っている人たちが、例えば、松毛川の場合としたら、長期的な戦略としてどのように取り組んでいくのか、あるいは、耕作放棄地を活用した農業事業は、三島街中カフェの儲かる経営方法はどういうものかなど、基本的な方向性を明確にしないと混乱し、着実な成果・実績を積み上げることはできません。

明確な方向性と戦略に基づいた、地についた、現実的な仕掛けが必要とされるのです。特に、グラウンドワーク三島としての長期的な段取りを、住民が知ってしまうと、「住民を、グラウンドワーク三島の夢・事業を成就させるために使ったな」みたいな、誤解が生じますから、軽々しく、事前に発言しては駄目です。当然、こうした、基本的な方向性や戦略、覚悟の意思がないと活動がブレます。ブレると不確実性を住民に見透かされます。地元住民は、

そこで長く生きて、情報を密に持っています。外部の人間の一つ一つの言葉・発言を、きちっと把握し咀嚼しています。グラウンドワーク三島の諸活動は、ほとんどが、地元でやろうとしています。松毛川なら、御園地区というところが地元になりますから、そこの人たちとの信頼関係が構築できなくては、活動を実施する意味がありません。

やる意味の具体的な話ですが、松毛川においては、現在までに、沼津市側を中心として2400本の植林をしてきました。しかし、御薗地区において、永遠に私たちが、森などのお世話ができるわけではありません。先日は、松毛川で植林活動をしていて、ものすごく嬉しいことがありました。御園地区の住民が自転車で私のところに寄って来て、「やあ、渡辺さん、いつも大変だね。俺ね、この間ここにきて、しっかりと木が植わっているのかを見に来たんだ」と。「そしたら、あそこで、ゴミを燃やしていて」と。「何、燃やしてたの」と聞くと、「農家が資材を燃やしていた」「火が飛んでいたので、君たちが植えた木に移って、下草でも燃えたら大変だと思い、『おい、火事に気をつけろよ』と言ったら、周辺にいた農家、3人位集まってきて、『おい、どこのやつだ』と。『何、偉そうに言っているんだ』と。『この土地は俺らの土地じゃないか』と。『勝手に木を植えやがって』」と。「俺は頭へ来て、しかし、ちょうどナタを持っていなかったので、怖いと思い、そのまま黙って帰った」と。

「渡辺君、俺らちゃんと頑張って応援するから続けてよ」と言ってくれました。

また、違う住民ですが、「松毛川の植林した場所に、他の人が入って、変なことをされるのが心配だから、俺は一日、自転車で4回、現場に行ったり来たりしている」って。皆さん、ありがたいと思いませんか、これは、地域との信頼関係が築かれつつある現象の一つだと認識しています。やったなと思いました。町内会長が心配してくれるのは、理解できるのですが、一般の住民もやってくれているんだなと思って、すごく驚いたんです。私にとっては、感動的なシーンだったんです。感謝の気持ちで握手しちゃいました。

皆さん、楽しいと思いませんか。そういうの。ああ、やったなと思ったんです。心配で1日4回見に来てくれると言うんですよ。さらっと言うんですから。やったなと思うじゃないですか。木を植えて、ちゃんと下刈りもしてくれる。そういう、支援のシステムが作られ、住民との信頼関係が次第にできあがってきているのです。

そう言う意味で、NPO自身が、独自に地域と隔絶して、何かを立派になしても、現場に即した、住民が支援してくれるものにしないと、地に着いたものにはなりません。この住民の考え方の変化のプロセスが、自立性の高い地域づくりができていくプロセスでもあり、それらへの具体的な取り組み過程が、「大人の学校」としての「学習のプログラム」ではないかと考えています。

パートナーとしての行政の特性を知る

さて、例えば、行政の仕組みというものを、皆さんは、知っていますか。行政に行く時に、担当課がどこであるのか分かりますか。「福祉、農業、教育」など、役場の担当課です。担当課の課長さんを知ってらっしゃいますか。電話番号、知っていますか。どこの出身か、分かっていますか。どういう性格か分かりますか。大事なことです。課長はころころ変わりますから。ずっと追跡調査をしてください。そうしないとターゲットが分からなくなります。

皆さんは、もし来年に何かを行いたいと考えた時に、さて、いつ、役場に行かれますか。国の予算編成の順番って、ご存じですか。国にお願いに行く時に、いつ行きますか。来年の事業について、お願いに、国に行き、県に行き、市町村に行くと思います。どこに、何時頃、行かれますか。国は7月には、概算要求と言って、次年度の予算の概要が決まってしまいます。9月には、県が始まります、11月頃には、現実的には、各課、担当室は、この頃には、概算の予算枠を策定してしまうんです。そして、これを受け、遅くても1月頃には、市町村が予算を編成するわけです。

国に行くには極端に言えば、前の年の3月とか5月頃に行かないと、全然、話にならないわけです。ですから、そのあたりに、政策提言を持って、国や県や市町村に行かなければ駄目です。これ以外のときに行っても、「いや、素晴らしいですね。みなさん頑張っていらっしゃいますね。僕はね、NPOって好きなんですよ。僕もNPO派で市長になった人間なんでね、皆様の心・思いは、全て分かってます」と言われておしまいです。市に3月に行ったとしても、もう全部予算は決まっているじゃないですか。すでに、全部、議会で決まっていて、議会で決まらなければ、役人は表に出せませんから。だまって死んだふりしているだけです。

しかし、お願いに来たら「ああ、頑張ります」と。「前向きに考えて後ろ向きに処理します」みたいな話、「一歩進んで二歩下がります」みたいな話です。それを見抜ける力というか、情報収集能力を持っていなければ、役所にお願いに行ったたって時間の無駄だと思います。

現実的には、役所に何かをお願いしたいなら、内部的に大いに議論・試行錯誤し、勉強しておくことが必要となります。また、仲間に、県庁の人間を取り込んで、酔わし、かまし、内部情報を把握し、地元の県会議員にも応援してもらって、政策の質を高め、適切・的確な担当課に、政策提言書を持参・説明するようにしないと、県庁ラインだけでも、物事はなかなか実現しません。

最近、行政との付き合いをどうしたらいいでしょうかと、よく質問を受けますが、「お友達の家に行って手を握って帰って来たみたいな話じゃないんだから、もっと相手の特性というのを勉強しなさい」とアドバイスしています。このパートナーとしての行政の役割は、絶対に必要不可欠だと思うんです。なんで大事かと言ったら、行政と関わり、物事を制度化しないと、持続性が生まれないんです。NPO側の発意と努力だけでは無理です。

イギリスのグラウンドワークが、何故、成功したのかというと、年度予算280億円の7割近くは、国の補助金や助成金です。国も、NPOやボランタリーセクターに、社会的なサービスを頼んだ方が、生産性もクオリティーも高い、的確なサービスが直接的にユーザーに届くのです。行政が、直接的に対応するよりも、はるかに安いお金でクオリティーの高いサービスが届くことを理解・評価しているのです。行政が、NPOを支援することが、行政の仕事だと思っているんです。ところが、日本では、どんな状況でしょうか。日本の行政は、NPOを安く使うことが仕事だと思っているんじゃないでしょうか。とんでもない話です。

今後、行政は、NPOを的確に評価して、補助金もしっかりと出し、支援し、行政のパートナーとして認め、間違いのないクオリティーを要求し、その上で、NPOを活用していくべきです。社会的な評価を、より明確化するためには、ＮＰＯの社会的な役割が、認知されるための制度を作らないといけません。そうでないと、なかなか、行政の信頼を勝ち得て、行政を動かすことはできません。政治家を含め、行政の実態は、口軽の調子の良さです。

私自身も、三島において、ＮＰＯ支援のための独自の制度設計・政策提言を行っていますし、今後も行っていきたいと考えています。三島市でやって、その社会的波及効果を諸活動の成果を通して、ＮＰＯの実力と可能性を実証していき、最終的には、国の制度として制定されるように世論を誘導していきます。具体的な活動なくしては、社会的な評価はあり得ませんので、活動の持続性が、最も大事だと考えています。

第4章　ＮＰＯに必要な問題意識

組織の運営には情熱と狡さが必要

組織の力は数ではありません。個々の人々の活動・物事に対する、強い「情熱」が必要不可欠な要素です。そして、言葉は悪いのですが、ものすごく商売上手な悪徳不動産業者のような、「狡さ」の専門性も必要とされます。この事実には、皆さん、やや納得できませんか。これが、娑婆・現実世界の大人としての知恵だと思います。世の中は、まさに、きれい事だけでは、上手に立ち回っていくことは難しいと思います。性善説もあれば、性悪説もあり、「玉石混交」です。

皆さん、三島でお寿司を食べるなら、是非とも、「やっこ寿司」に寄って頂きたいと思います。主人に「ジャンボさん」に推薦を受けて、お店に来ましたと言うと5％増しになりますので、気をつけて頂きたいと思います。そこでの安易な発言や会話には、少しだけ気を使って下さい。

ＮＰＯのリーダーは、街の中では、いろいろな人から、多様な評価をされています。もしかしたら、私の場合は、「口の達者なあの男、軽口ばっかりで、ややウソつきだ」みたいな辛辣な評価もあると思います。これも、現実的な地域社会の実態です。世の中、懸命に真摯に頑張っていても、一方では、こんな厳しい評価も水面下にはありますし、本当に複雑怪奇です。

こんな有様ですから、あの手この手で、課題解決に対処・対応していかないと、具体的に街を変えていくことはできません。そういう意味では、課題解決のために存在する、多種多様な困難や障害を乗り越え、突破していくためには、どうしても強烈な情熱と狡さが必要とされます。

マネジメントには　凝縮された力　総合力が必要になる

これから、「戦略的なアプローチ」について、色々とお話しさせていただきます。戦略的とは、何でしょうか、アプローチとは、どんな意味なのかを、理解して頂きたいのです。

要約すれば、「あの手この手」による、投げかけ、仕掛けです。わかりやすく説明すると、何気ない会話やつながりの中から、信用性や共有意識を創り上げげ、無意識のうちに、その人の「魂」を奪うというやり方です。さりげなく、そっと手を握りたくなるような親近感の意識です。

もう少し、言葉を変えて表現すると、私と話している32分30秒後には、貯金通帳13冊と実印を隠してある場所を何となく教えてしまうということです。そういう「言葉の巧みさ」です。これ以上言うと特別なテクニックを教えてしまうことになりますのでやめますが、そういう、卓越した「コミュニケーション」の力が、世の中を確実に変えていくためには必要とされています。もうちょっとカッコ良く言うと、これは「プレゼンテーション」の力でもあります。

まちづくりの中では、そういう人間としての総合力というか、全体力というものが、特に組織を抱え、大きな地域課題に挑戦しようとしている人たちには、これらの凝縮された力が、絶対に必要なことだと思います。それが、組織と活動の「マネジメント」の力でもあります。

信頼のネットワークには専門性を持った地元の友だちが必要

ＮＰＯは、多様な課題が、重層的・複雑に重なっている場所において、戦いを挑んでいく宿命を背負った組織だと認識しています。それを実践していくためには、個人としての心の強靭性が大事ですし、その活動を支援しようとする信頼のネットワークと言いますか、地元の友だちの存在が必要不可欠です。何事も一人では、「限界」があります。その限界を乗り超えて行くためには、あるいは、活動に、あの手この手を持たせるためには、当然、友だちが必要になります。

特に専門性を持った友だちがいれば、まちづくりのクオリティは変わってきます。グラウンドワーク三島のメンバーには、建築家やデザイナー、都市計画、生態系などの専門家が沢山います。そういう人たちがいれば、まちづくりのグランドデザインを作成するにしても、行政に対しての提案や政策提言の作成レベルにしても、格段に内容のレベルアップが図れます。

まちづくりコンサルなどに、1億円出そうと2億円出そうと、グラウンドワーク三島が、懸命に現場を這いずり回って、地域住民の意見を聞いて策定した手作りの提言の方が、いかに、現場を踏まえた内容で、現実性、実効性も高く、社会的に説得力のあるものになっているると思います。この社会的波及効果を理解できない、市長や町長がいたとしたら、リコールをかけましょう。

実は、今日の朝、静岡新聞を見ていて、ムッとする事柄がありました。三島駅南口隣接地の再開発計画に対して、三島市が、特別委員会を設立して検討を始めるとありました。その委員会のメンバーのほとんどが、三島以外、東京の人たちです。地元の有識者や専門家、N

PO、商店主など、地元の関係者が、わずかしか参加していません。

三島市には、地元情報や専門性に富んだ、愛郷心に満ちた三島っ子が、沢山います。逆に、東京に出かけて、指導・助言をしている地元コンサルや専門家が、隣接の沼津を含め、沢山います。どうして、地元の関係者を活用、多用しないのでしょうか。どうして、三島以外の専門家や有識者などにお願いして、私たちの大切なふるさと・三島の議論を行うのでしょうか。

自分がどうのこうのを言っているのではないことは、皆さん、おわかりですよね。地元には、歴史的、文化的、専門的な知識を有し、多様な地域情報に詳しい、多くの人たちがいます。その地元情報を引き出し、まとめ、新たな知見を創造していくことが、行政の仕事です。しかし、現実の有様はどこでも同じですが、権威的な雰囲気のお偉いさんが登場し、概念的、総論的な現場との整合性が低い、言葉の遊び、助言、提言を行い、終わりとしています。

これは議論の形骸化であり、議論のための議論です。話題提供としての専門家の助言は認めますが、地域の将来、命運を左右するような重要な会議、内容においては、上位の委員会とともに、地元住民からの徹底的な意見徴収と時間をかけた議論の場が必要とされます。タレント的で高名な方を招聘しての議論は、政治の茶番劇であり、市民をないがしろにする政治ショウです。

私は、小学校の頃から現在まで、三島で育ち、生き、川や森、街中で遊びまわり、三島の光と影は、熟知しているつもりです。しかし、私には今まで一度も三島市からの各種専門委員会への参加依頼はなく、今後もないと思いますが、間違いなく、入れる意思もないと思います。

入れたらもう、委員会のあり方から問題提起を始めて、委員会のメンバーを地元中心に入れ替えるべきだと主張し、結局は、「この委員会の役割や存在の意味がない」などと発言、混乱させてしまうことを恐れているからでしょう。

これからのまちづくりは、沢山の議論・検討の場や機会がおおいに大切です。専門家や有識者は、あくまでも、最終段階の総合的な評価や検証の役割です。大切なのは、もちろん、地権者を含めて、地元住民、市民やＮＰＯ、市民活動団体、地縁団体、多種多様な関係団体などの皆さまです。参加者相互の時間をかけた、限りのない議論の場づくりだが必要だと思います。

行政は、その中間に位置する調整・仲介役であり、一定の方向に議論や結論を誘導する「手配師」ではありません。市長は、集約された市民意見の代表者であり、自分の思惑や利害への「誘導役」ではありません。

まさに、限りのない議論の場が、「知の結集」のプロセスであり、多様な情報収集の場でもあり、愛郷心の醸成の場になっていきます。グラウンドワーク三島は、その知の結集を、謙虚に、真摯に、先導し、集約する役割を担う、影・黒子の役割を担う、「まちづくりプロデューサー」の存在です。その手法を学びたかったら、グラウンドワーク三島の現場モデルを学習・体験し、総合学としての「グラウンドワーク」について学ぶことが必要とされます。

知の結集により地域に小さな経済を起こす

グラウンドワーク三島は、表に出ることを旨としている組織ではありません。静かに、そして懸命に激しく、現場で活動する現場重視型の組織です。特に、夕方以降、さらに元気になる組織でもあります。昼間は事務局にこもって、事務的な処理や調整作業に従事しています。

そして、夕方のスタッフ会議やインストラクター会議が終わった後は、希望者で街中の飲み屋街に出かけ、「まちづくり談義」が始まります。私たちの活動の中味や方法論などについて、お酒と美味しいつまみを潤滑油として、楽しい雰囲気の中で、いろいろな意見、提案、疑問、懸念、疑念などを出し合い、議論の花を咲かすのです。

いろんな人たちと、お酒を片手に、いや、お酒でなくてもいいのですが、気軽な感じで、率直に話し合うことは、本当に、気持ちが楽で、楽しい気分になります。まさに、ＮＰＯ冥利に尽きますし、日頃の心労や心配がゆっくりと溶解していきます。こんな、日常性と乖離した、職場とは違う異空間の場を、自ら持てることに満足感と充実感を感じています。

話し合いの会場になる、街中の「赤提灯」の存在と役割は、現場乖離・国民乖離の国会よりは、はるかに重要な場になっています。国会を運営するためには、１日約３億円の経費かかると聞いたことがありますが、本当でしょうか。私たちは、居酒屋で自腹をきって、自己責任において、居酒屋・飲み屋という市民の国会を運営し、地域経済・庶民経済を支えています。まさに、地方において、小さな経済を振興しているわけです。

しかし、国会議員は、都内の高級料亭に行って、高額で贅沢な料理を、時々は、歳費で食べているのではないでしょうか。意識は、どんどん選挙区、選挙民から離れ、天下国家を語っているとの大義の幻想に溺れ、地域乖離の夢舞台で遊び戯れています。

国会議員は、都内にある、地域・選挙区のアンテナショップに買い物に出かけ、選挙区の特産物を大量に購入し、お酒のつまみとして使い、代々木公園内のベンチか首相官邸の広い庭園内でビニールシートを敷いて国民とともに、割り勘で飲み語ることはできないのでしょうか。

グラウンドワーク三島の感覚は、この庶民性であり、これが、事実としての生活者第一の目線・感性ではないかと考え、三島の居酒屋などにおいて、お酒の効果についての実証実験・社会実験を繰り返してきました。小沢さんや民主党・自民党のお偉いさんは、自宅で奥さまの手料理を食べることがないのでしょうか。それとも、食べられない何かの事情があるのでしょうか。

原発に近い、福島の魚や野菜、果物など、風評被害に苦しむ、地元の食材を取り寄せ、奥さまとともに料理して、ふるさとの味を自宅で楽しむ、日常性・庶民感覚を忘れてしまったのでしょうか。市民目線や弱者への問題意識は、どこに行ってしまったのでしょうか。選挙区は、選挙の時だけに必要な場所なのでしょうか。冠婚葬祭やお祭りへの参加などを完璧にこなしておけば、選挙に勝てると勘違いしているのでしょうか。選挙民の生活現場に迫り、目線を同じくしていくために、日頃の議論の連続性が、発言に、地域の匂いを醸し出す説得力を内在させます。

グラウンドワーク三島は、「民主主義の学校」を開校しているとの自負があります。このような現実の国会議員の有様を見ていると、この学校の生徒としては、本分を忘れた「落第生」です。自分たちを選んでくれた選挙民と、より強く寄り添う政治と行政の施策・執行が、より以上に求められています。大変失礼な話ですが、一回、何人かの国会議員に、グラウンドワーク三島の現場に実地研修に出向いていただき、地域社会の課題を現実社会の中で、ＮＰＯとして、どのように解決していけるのか、彼らの能力を試す、「実地試験」をさせていただければと考えています。

高邁な理論や必要論をかざして、偉そうに駅前で演説しても、最終的には、その具体的な政策立案と予算だて、執行を、行政や官僚に委ねてしまう、「最終依存の手法」ではなく、具体的な課題解決の当事者として、物事を処理していただき、真の実力、政治力を検証・確認させていただく機会をつくりたいと考えています。どんな成績になるのでしょうかね興味津々です。

地域の人たちが議論し　点の力で地域を変え　できることから始めていく

地域では、そういう大きな力に頼って物事を動かしたり、変えていくには、「限界」が見え始めていると感じています。これからは、小さな力といいますか、ひとつひとつの「点の力」で、地域を変えていく、地道な方法しかないんじゃないかというのが、私の「信念」です。

しかし現実的には、小さな力では答えを導き出すのに長い期間と時間を要します。そのために、当事者は焦り、悩みます。そして段々、頑張っていることが馬鹿らしくなり、時には投げ出したくなります。しかし、これらの不安と懸念の後退意識と戦い、強い信念を持ち続け、活動を地道に継続していけば、確実に、少しずつ、地域の信頼を勝ち得て、活動が広がって地域からの信用度も向上していきます。

富士山に降った1滴の雨が、何十年もの歳月をかけて、下流にある三島に流れ下ると言われています。ゆっくりと地下を流れ、浄化されていくのと同じように、皆さんのNPO活動も、次第にたくさんの人たちに、点の思いが伝わり、大きな力・面に成長・拡大していくと思います。

生意気ですが、まちづくりにしても、都市計画から総合計画まで、私は県庁での経験知もあり、内容のあるものを立案・策定することができます。しかし、そんなものは、真実性や確実性、整合性が希薄化した、机上の計画ベースの軽薄な事業計画といえます。

大事なのは、地域の人たちが、自分たちの地域をどうしていったらいいのか、1年も2年も3年もかけ、じっくりと議論して方向性を決めていくことです。さらに大事なことは、その方向性にもとづいて、段階的に無理なく、自分たちで出来ることから、少しづつ創りあげていくことです。子どもたちと地域の将来を考える未来会議を立ち上げ、模型づくりや構想図づくりを行い、さらに、空き地でのミニ公園づくりや大人たちとのワークショップの開催など、まずは、自分たちでできることからスタートすることが大切です。

被災地の現状と課題、将来の方向性

(1) これが欲しい、あれが欲しいではダメ

グラウンドワーク三島では、東日本大震災の被災地の子どもたちや家族を招待して、伊豆の温泉や富士山、三島の現場で楽しんでもらう「子どもを元気に富士山プロジェクト」を昨年の4月から続けています。そんな中で、被災者の方々とお話させてもらいましたが、大変なご苦労、ご心労があることを実感いたしましたが、一方で一部の被災者の方々から、「あれが欲しい」「これがない」の要請を受けました。

被災地においての今後のまちづくり計画の策定プロセスを考えた時に、私は、この依存体質について、少し危惧を抱いています。さらに、現在の復興の進捗状況を見ていると、復興

庁や県、市町村から、再建計画に関わり基本的な方向性・指針が、突然、市民側に提示されたり、逆に、途中の情報が公開されず、遅々として進展しなかったりと難しい局面に立たされていると感じています。

防潮堤防の建設についても、行政側から唐突に、築堤の高さや位置、建設の時期などが提示されたり、まちづくりの再建計画なども、同じような具合です。昨今、頻繁に石巻市に行って、まちづくり関係者ともお話をさせていただいております。今回、新堤防の高さが、7メートル20とあります。この新堤防の建設により、海や川沿いに隣接している、約１００メートル間の住居が取り壊されます。

7メートル20というと、３階建のビルと同じ高さのようです。あの素敵な海は、街中からまったく見えず、海からの涼やかな風も街中を吹き抜けません。船から、石巻市の街並みを見ても、新堤防の壁しか見えず、ふるさとの姿はのぞめません。「そんな街を皆さんは、本当にこれから作るんですか」とやや厳しい問題提起を、市民の皆さんにさせていただきました。

無言が続き、大勢としては、やはり、安全確保のための必要論も理解はできますが、何か納得ができない、吹っ切れない、消化不良の意識が潜在的にはあるとの発言が相次ぎました。

こんな状況で、新堤防の建設と街中の再開発が始まったら、石巻市の中心街には、どんな街が出来上がっていくのでしょうか。現在までに、東京や仙台などを中心として全国規模の優秀な専門家や大学教授、まちづくりコンサルタントなどが入り込み、重厚な議論と検討を蓄積してきていることは承知しています。しかし、私からの素朴な疑問としては、被災者の地区外への移転が増加している中で、本当に将来的に、街中に被災者などが集まってくる確証はあるのでしょうか。

２階を居住の中心とした建物設計で、本当に、高齢者は安心して街中に居住できるのでしょうか。構想が、はかない夢と反省に終わらないよう、市民レベルでの現実を踏まえた議論と調査、検証が求められています。再建計画の前提条件を見誤ると、より激しい人口減少・街中の空洞化が拡大し、建物や施設は更新されたが、ゴーストタウンになってしまう危険性があります。

多様な市民による議論の蓄積による「知の結集」や具体的な意識・市場調査などの実証性を積み上げていく「点の力」を駆使した、市民の発意を創り上げていくことが必要です。現在までに失敗を繰り返してきた、大型公共事業による金の力、行政・政治の力に依存する、まちづくりのスタイルが、再度、始まり出しており、石巻市独特の魂と思いが入らず、地域の特性もほとんど見えない単色の街が、形成されてしまう危険性があります。

今回の東日本大震災における死者・行方不明者数は、２０１２年3月11日現在で約１９０００人くらいでしょうか。石巻市では、海岸線の地域を中心として、約３０００人近くの人々が、亡くなっています。多くの方々が、亡くなった理由を皆さんは、ご存知ですね。第一波が来て、第二波の15メートル近い津波が来るまでの間が、約40分近くあったようです。その間に、自宅に戻ってしまった方々の多くが亡くなったようです。「あれ財布を忘れた。犬を置いてきてしまった」など、近親者や地域の人たちが、「絶対に戻っちゃだめだ。もう一度、大きな津波が来るよ」と、チリ地震の経験をもとに古老を中心として説得したようですが、その時の教訓が、活かされず、死亡者を拡大させた原因にもなっているようです。

この事実は、非常識に高い、新堤防の必要性を実証しているわけではなく、地域住民同士の日頃からの信頼関係の構築や地域コミュニティの必要性を実証しています。また、避難路の整備や津波のための日常的な避難訓練の重要性、非常時での情報伝達の徹底などの必要性も実証しています。どんな堅固なコンクリート壁を建設しても、津波から市民を守ることができなかったこともあわせて実証しています。被災地のあちらこちらにおいて、施策の迷走と手法の混乱が始まっており、あの白砂清爽の三陸海岸の景観破壊と自然破壊を悲しいかな予測させせます。

自宅などに、戻ってしまった人たちが、引きの津波にさらわれ、亡くなっていることはお伝えしました。消えて行った肉親の様子を被災者の皆さんから教えていただきました。旧来の堤防は、一瞬にして破壊され、コンクリートに対する安全神話は、私の感じでは、石巻市の被災者の本音の気持ちとしては、完璧に消滅しているのではないかと考えています。

それなのに、また、国の指導に従い、市民は、新堤防の高さの議論と選択を強いられ、結果的には、市民が決めたことになってしまう、とてつもなく高い新堤防が、３年後には完成することになるのです。このことが、粋な雰囲気が漂う港町・石巻市の発展の起爆剤になるのでしょうか。海とのつながりの文化性と歴史性を、ないがしろにした現代人の「過信」と「暴走」の「証」になってしまいます。

素人である私の予測ですが、地下の巨大な歪みが解消された今、今後、数百年間は、巨大地震の発生とそれに伴う津波の来襲はないと考えています。オオカミが来る的な社会不安の脅かしに惑わされず、海を知り尽くした漁師さんや街中の振興に詳しい商店主、里山の農業者など、石巻市の幅広い市民による、時間をかけた多様な議論の繰り返しと試行錯誤が、将来の石巻市の間違いのない方向性・再建のあり方を決められる大切なプロセスだと確信しています。新堤防は、行政からの一方通行の施策であり、多様性が見えず、まちの魅力と歴史を軽視している施策だと、私は危惧しています。

本当に石巻市の皆さまには、失礼なことを述べており、申し訳なく深く陳謝いたします。しかし、多くの被災者とお友達になった私としては、「第2のふるさと」しての石巻市であるとの強い思いがあり、生意気な発言をさせていただいております。

石巻市は、古くから、運河が網の目のように街の中心部を流れ、農魚産物の集積地でした。今回の地震の影響により、海岸近くの地盤が約40cm沈下し、満潮時になると暗渠化された運河に、海水が逆流し、夕方になると道路上が冠水して頻繁に海のようになってしまいます。

そこで、地元の人たちも検討を始めていますが、暗渠を壊して、一部の運河を再生し、今回の街中再建計画の柱にする案が浮上しています。そうなると、そこが海になって、クジラが泳いだり、カツオやサンマが泳いでいたりして、「街中水族館」のような、シーワールドが出来上がるのではないかと期待しています。

こんな冗談のような市民発意が、実は、街の再生における創造的で斬新なアイデアであり、グラウンドワーク三島が、本当に、石巻市の再建計画に携わったら実現するかもしれない、一つの再建案ではないかと考えています。

既存のまちづくりの手法では、なかなか、他の街との差別化は生み出せず、特性なき平準化された街しか創ることができません。三島市も、源兵衛川を中心として、「水の都・三島」としての差別化、優位性を図るべく、旧来からの水文化と街道文化に学び創り上げてきたものであります。

街の原点に回帰して、道路下に暗渠化され埋没している運河を再生すべく、その蓋をとって、元の運河の姿に戻したら、石巻市は、劇的に変わるのではないかと勝手に夢見ています。このままでは、この街は、迷走して、どんなゴールに辿り着くのでしょうか。老婆心ですが心配です。

さて、政権与党の民主党は、旧来の自民党政治を的確に学習なさり、適切に業者に公共事業として割り振りなさっているようです。被災地には、公共事業の足音が響き、活気を呈し始めています。石巻市の新堤防の建設を含めて、例えば、Ｔ建設がメインですか。いわき市は、Ｋ建設であり、釜石市は、Ｏ組という感じですか。

まさに、復興に必要とされる公共事業の大義名分のもとに、巨額の公共投資が始まり、その施策や施設の有益性や問題点の是非論が、ほとんど無しで着々と各種復興事業が進められています。このプロセスのどこに、地域住民が関わり、関わっていけるのでしょうか。「コンクリートから人へ」の民主党のマニュフェストが空しく聞こえます。

今後、新堤防の建設が進み、その巨大な壁が姿を現した時、恐れと不安を抱いた市民の声は、どこに届ければいいのでしょうか。首相官邸前での原発反対の市民デモと多様な声に対して、今後、野田首相はどのように対応していくつもりでしょうか。ずっと我慢比べ、死んだふりをして、知らんふり政治を続けるつもりでしょうか。

まさに、復興期間となる3年間あるいは5年間において、被災地での民主主義の台頭があるのかないのかが、本当の意味において、被災地が復興できるかどうかを決定付けていくと思います。被災者の皆さまの心と意思の自立が、自分たちのまちづくりを進めていくための「礎」になるのです。

（2）行政依存という昔の体質に戻りつつある

やはり、まちづくりにとって最も必要とされるのは、市民側の基本的な考え方としての自立と自律の意識と行動です。自立と自律の違いが、皆さん、理解できますね。自立は、自分自身で物事に対応していくこと、主体性という意味になります。自律は、自分を律する、自己責任という意味です。

自分が住む街で、自分たちの街だと自覚して死んでいくためには、それなりの社会的責任を果たさなくては、そのような意識を持てないと思います。自分にとって大切だと思う時間が、他人のためのあれこれに割かれ、経済的な負担まで強いられるとしたら、多分、多くの人々は、その責任を避けるか、逃避してしまうと思います。

例えば、「津波からの避難路を地域で自主的に整備するとか、避難訓練を地域独自に企画し実施するとか、地域内での独特の高齢者の支援体制を構築するとか」などの市民としての自己責任の範囲による公益的活動は、なかなか、実行されません。

どうしても、行政依存が先行して、内発的、創造的な市民活動の展開は難しいと思います。このような中で、現実的な行政の震災施策は、新堤防や復興住宅の建設など、ハード事業が中心です。被災地では、そのハード事業に、市民が振り回され、行き着くところは、手間のかかる自立と自律の意識を忘れ、行政依存の安易な姿勢に、どんどん戻りつつあります。

「あれをやって欲しい、これをやって欲しい」の要求型の関わり方に、被災地の現実は、極端にシフトしていると思います。今回は、市民の自立性と主体性を奪ってしまう、最悪の補助金の形といえます。多くの事業は、全額、国費負担となっており、ほとんどの事業は地元負担金は「ゼロ」です。

今までの国による補助事業は、市町村の負担金が、全体の25％くらいかかってきたものです。

それが、今回、すべて国費に依存できるとのことであり、要するに、ほとんどの公共事業が、タダでできるということです。税金や消費税など、あれもこれも、全部、タダです。「タダ」ほど、高いものは無いと、昔から言い伝えられています。人の主体性を希薄化させ、地域独特の特性と個性が傷つけられ、そして次第に、国に文句が言えなくなっていきます。岩手県・宮城県・福島県の３県は、全人口の4.3％。国の総生産量の４％くらいのものです。そこに全体で、国民に借金をして、約23兆円もの膨大な国費が投入されるのです。

確かに多くの犠牲者を出し、甚大な被害を被ったことは否定しません。しかし、国主導の画一的な施策の推進、実現が、本当に、東北地方の個性と魅力を再生できる、東北人の思いとこだわりが入った物づくりに、連動・発展していくものなのでしょうか。

逆に、日本全部が、増税に耐え切れず、経済が沈滞化してしまうのではないかと危惧しています。被災３県は、今後の３年間から5年間は、地域の景気が好転してくると思います。しかし、それ以外の日本は、消費増税や円高の問題も含めて、どんな経済状態に陥ってしまうのでしょうか。

被災地の復興後は、どんな街ができあがり、地域経済はどんな状態になっているのでしょうか。本当に魅力にあふれた東北が再生され、多くの観光客が国内外から訪れ、地域経済の自立性も担保され、水産業や製造業が元気になっているのでしょうか。厳しく、辛いことだとは承知していますが、国への過渡な依存と甘え、要求は、市民の自立性と自律性を削ぎ、施しの慣習と意識しか醸成することができません。

これからは、東北人らしい独特の地域コミュニティと人間的な強さを発揮して、先輩のおしんではありませんが、「我慢の文化」の再興が、後世につながる復興の姿だと確信しています。

自分の街に対する深い愛と強い思いを持つ

やはり、いろいろな事柄が、チグハグになり始めていると思います。そういう意味では、個々の人々の主体的な問題意識が重要になります。

私は正直、言って、三島がよくなれば、他の地域は、どうでもいいと思うことがあります。その意識は、自分勝手で狭小ですか。私が、静岡県庁に在籍していた頃、当時の課長から、「ジャンボは、仕事で三島のことになると、本気を出し、そればかりやっている」と言われていました。

そこで反論として、「じゃあ、課長はふるさとである、掛川がどうなってもいいんですか」って聞くと、「そりゃあ、県の補助金を、まずは、最初に持っていくとしたら、当然、ふるさとである掛川だよ」と、なるわけです。

皆さんも、おおいに自分の街に対して、強いこだわりの気持ちを持ち、人のやっていることには足を引っ張らないで、共存共栄の仕組みを新しく作ることが、私が提唱する、「戦略的アプローチ」になります。そのアプローチを現実化するためには、まずは、皆さん自身が、自分の街に対して、人一倍の深い愛と強い思いを持っていないと、現実的に街は変わっていきません。

信念と確信が、多様な人々の支援の輪を広げていく原動力であり、燃料です。まちづくりも、人と人とが紡ぐ、「絆の糸・布」だと思います。人と人の心を大切にする、NPO活動の展開を期待しています。実際は、人が組織や活動を動かすので、この意識の研鑽は難しく疲れてしまうことが、多々あります。しかし、この困難を乗り越えていく力が、NPO発展の礎になるのです。

【社会的企業編】

第1章　日本のＮＰＯの抱える課題

ＮＰＯの現状と課題

今後の日本社会のあり方を想定し、多様な課題を抱えるＮＰＯの現状を踏まえ、ＮＰＯが、どのようにして成長し、発展的な取り組みや新たな社会的な役割を果たしていったらいいのか、悩み、不安視している人たちが多いのではないかと思います。

ところで、行政は、「公益的・社会的なサービス」を提供します。また、企業は、「私益的なサービス」を提供します。それでは、ＮＰＯや社会的企業は、どのようなサービスを提供していけばいいのでしょうか。やはり、行政や企業では、制度・規制の限界性や営利性の判断により手が届かない、きめの細かい「人間的なサービス」の提供が最大の役割です。

その3つのセクターが、それぞれの役割を認識し、お互いの立場を尊重し、お互い同士が連携・協働して、社会を支え創っていく、新たな共存共栄の仕組みを創らないと、弱者や高齢者に適切なサービスが届かない、「亡国の日本」になってしまうのではないかと危惧しています。

（1）日本の教育のレベルは世界から取り残され始めている

例えば、日本の教育のレベル・実態を韓国のレベルと比較してみますと、その落差・格差には驚きます。実は、私は、昨今、韓国の済州島と江華島において、アドバイザーを拝命していることから、頻繁に韓国に出かけています。その折に、都留文科大学や早稲田大学などの学生を連れ、10年ほど前から、20回以上も韓国に通っています。グラウンドワーク三島と韓国ナショナルトラストによる「日韓バイカモ交流」に関わるＮＰＯ関係者を含めると、延べ２５０人もの人々を韓国にご案内しています。

韓国の現地において、日本の大学生との違いで驚くことは、韓国の大学生の英会話力のレベルの高さです。日常会話を含め、多くの大学生は、英会話が堪能です。さらには、日本語を勉強している大学生も多く、上手に喋ります。日本語以外にも、中国語、ベトナム語、フランス語、スペイン語など、多言語にたけています。東アジア圏域の強みを生かし、言葉の力を活用して、グローバルな世界での仕事・活躍を志向、夢見ています。

4年ほど前になりますが、韓国ソウル市の小学生20人を、三島に招聘し、三島の小学生との交流事業を行いました。驚いたことに、韓国の4年生以上の参加者は、英語が堪能で、こちら側が韓国語での会話が難しいので、気軽に英語で話しかけてきました。英語で「叔父さん、日本語ではなくて英語で説明してください」と注文され、赤面し、困惑した経験があります。

私のゼミ生を韓国に連れて行っても、日本語も的確に喋れませんし、挨拶も十分に出来ません。韓国の大学生は、物事に対して、常に積極的な考え方を持ち、疑問は疑問として頻繁に質問してきます。自分自身の意見の発表やディベートについても、遠慮なく、論理的な思考をベースとして自己主張し、懸命に取り組んでいます。日本の大学生との意識と現実的な実力・能力に、格段の格差がついてしまったのではないかと分析しています。相互の能力評価としては、韓国の大学生と比較すると、追い抜かれてしまったと思います。特に、言語、言葉の部分については、完璧な格差・落差がついてしまっています。

日本の大学教育の実態は、危機的な状態だと思っています。私の考え方や海外の現実・動きについては、大学生に率直に、その格差・落差を伝えています。その発言をすると、「渡辺先生は私たちを馬鹿しているんですか」と反論するので、「いや、君たちの将来を心配して助言しているつもりです」と説明しています。

「君たちが、今後、広く、世界に出かけ、仕事をすることになった場合、当然のことですが、英語が喋れなければ仕事にはなりません」と伝えています。現在の日本の大学教育も、世界的な観点・潮流を感知し、心して大学生を実質的にトレーニングしていかないと、今後、グローバルな土俵において、日本経済を支えていくことが難しいのではないかと危惧しています。

なお、韓国では、貴重な自然環境や文化遺産を買い取るとともに、資産を確実に保全するための法律として、「韓国ナショナルトラスト法」が6年前に制定されました。この制度の内容は、現金でも、物資でも、土地でも、建物でも、いろいろなものを、NPOなどに寄付したら、税制優遇が受けられる、NPOにとっては、「夢の法律」といえるものです。

議員立法により、制定されたものであり、画期的な法律といえます。日本では、いまだに認定NPO法人だとか、税制優遇の緩和程度の制度変更のレベルです。しかし、韓国では、イギリスやアメリカに追随し、日本を追い越し、短期間に一気に、世の中において必要とされている法律や制度が決まってしまう、決断力ある政治が実行されています。

この法律は、NPOの役割を尊重した、資金的な側面からの支援策の一つだと思います。今後、韓国においては、劇的にNPOに対しての新しい資金還流・収斂の仕組みが始まり、特に、自然環境や文化財保護に関わるNPOの組織・活動が強化・拡大していくと思います。

ＮＰＯの可能性・発展性の領域において、韓国と比較すれば、日本は完全に取り残され始めています。この事実は、国の今後の方向性や羅針盤を見失った、「亡国の日本」の現実を表しており、「日本版ナショナルトラスト法」などの法律の制定が必要不可欠といえます。

（２）グラウンドワーク・インターンシップの提案

平成24年で、私が、都留文科大学に奉職して5年目になりますが、最近少し、大学でのあれこれに疲れ始めています。今の大学のカリュキュラムでは、大学生自身が、「社会的適応能力」を学び、身付ける機会が圧倒的に少ないと感じています。そういう点で言えば、大学生がつくづく可哀そうだと思います。なかなか世の中の常識といえる、人間としての社会性や多様性を身につけることが難しいのです。

今後、益々、社会情勢が厳しくなっていく中で、大学生は一体どうやって、自分自身がより強くなれるように研鑽を積んで行ったらいいのでしょうか。自分というものをどこで「キャリアアップ・スキルアップ」し、さらに専門性を身につけ、現実社会の中で適応していける、「実務力・実践力」を身に着けた人間に成長していけばいいのでしょうか。

その事実・現実に不安を感じ、平成22年に、「グラウンドワーク・インターンシップ」事業を、内閣府に政策提案させていただき、幸いなことに、総額10億円の交付金を得ることができました。2年間で10億円をかけて、大学生・若者などを中心に、２４００人もの多様な人々に対して、グラウンドワーク三島の現場モデルを視察・体験していただき、専門的な知識の習得だけではなく、私たちの活動を肌で感じ、その経験・体験の中から、自分の潜在能力を再発見してもらう狙いで実施しました。

まさに、現場の匂いや現場での作業を通した汗、そこで頑張っているボランティアの人たちと直接的に話し合うことによって、ＮＰＯの思いを共有していただきたいのです。現場での経験・体験を通して、自分の可能性や自分自身を再評価・再発見できることを期待しているのです。今回のインターンシップ事業は、現場重視主義のプログラムです。現在の大学における、学問という学びの領域においては、海外を含めた、現場体験の領域があまりにも少なすぎるので、その対抗軸・選択軸としての「学習プログラム」を提案させていただいたものです。

（3）日本の中で10年を経た多くのＮＰＯが組織運営に苦しんでいる

ＮＰＯ法（特定非営利活動促進法）が平成10年12月に施行されてから、現在、12年以上が経過しました。

最近、私が、静岡県のＮＰＯ推進室長だった時に、助言させていただき、ＮＰＯ法人になったＮＰＯが、法人設立10周年ということで、３団体ほど、10周年の記念講演会の講師として呼ばれ行ってきました。総会後、役員たちと、久しぶりにお話してきましたが、それぞれが、組織運営に、苦しんでいる実態を知りました。

役員たちは多様な課題を抱え、少し疲れ気味なのかなと感じました。役員の多くは、法人設立当初からそのメンバーで変わっておらず、10年が経過して、会としての次の方向性や戦略をどのようにしたらいいのかについて悩んでいました。課題解決のための具体的な手法や取り組みの具体的な段取りが、明確化されていない印象でした。

「ジャンボさん、死ぬまで、この会を支えていくしかないのですか」と聞くので、「そりゃそうですね」「死ぬまでやるしかありませんね」と助言すると、「いろいろと厳しい局面が続き疲れますよ」と寂しくおっしゃっていました。この状態が、会社の場合でしたら、組織の潜在的な課題を10年もの間解決できず、役員同士の共有意識も希薄化している会社は潰れると思います。これでは、会社的に判断すると、ＮＰＯは、限られた役員による独断経営・ワンマン経営の組織と解釈されても仕方がないなと思います。

現在、NPO法人が、全国で約4万5千団体以上育ってきています。また、保健医療福祉、国際交流、人権問題、環境保全、防犯、防災、農業を含め、様々な分野にNPOが活動の広がりを見せ、多くの地域で、多種多様な社会的な役割を果たし、人間的なサービスを提供しています。

一般的に、サービスの提供というと、無償のサービス、無償の奉仕を前提にした考え方が主流になっています。NPOやボランティア団体は、参加の原則として、無償による支援・奉仕が原則と多くの人々が認識しています。NPOは、民間非営利組織という言い方もあります。

（4）NPOは非営利と営利の融合体

この「非営利」を冷たい駄洒落で表現すると、「営利（鋭利）ではない＝尖がっていない」団体ということになりますが、私のように、かなり先鋭的な人間も関わっているわけです。この「非営利」をNPOに関らない人が、どのように解釈するかと言うと、お金儲けをしない、公益性にあふれた組織とみるわけです。そうすると、話は即、金儲けをしちゃいけないというところに行ってしまうと思いますが、本当にそういうことなんでしょうか。

「非営利」と「営利」の2つの言葉がありますが、この2つの言葉の中には、無償性と有償性の要素が重層的に混在しています。非営利だから無償であり、営利だから有償であると単純に解釈することが難しいのです。営利と非営利の間の（営利＋非営利）÷2みたいな要素・解釈が含まれているのです。ある時は、営利、ある時は、非営利ということは、現実的なＮＰＯの運営上あり得ないのでしょうか。

ＮＰＯ法人は、事業を実施する時に、「特定非営利活動に係る事業」に分類される非営利事業（公益事業）と、「その他の事業」に分類される営利事業（収益事業）を選択することができます。ＮＰＯでも、この、その他の事業を取り込み、税務署に収益事業者として税務申請し、定款上での明文化を図れば、法律上も、積極的に営利活動・金儲けをしても何の問題もないわけです。問題は、非営利事業と営利事業とのバランスをどのようにとればいいかということになります。お互いの事業が、資金的に半分くらいになるのが目安といわれています。

後は、ＮＰＯに対する、「評価の尺度」というものがあると思います。その尺度は、資金力の大小でしょうか。それとも、ＮＰＯが担っている諸活動の内容で解釈し、判断することでしょうか。あるいは、ＮＰＯが取り組もうとしている社会的使命・理念・目標・目的で評価することはできないでしょうか。さらに、それぞれのＮＰＯが提供しているサービスの種類や内容によって、評価することはできないでしょうか。

単純にＮＰＯの役割について、特定非営利活動に係る事業とその他の事業があるのですから、「ＮＰＯビジネス」として、徹底的に金儲けしていますと第三者に説明しますと、「ＮＰＯは、公益的なことをしているのに、金儲けして、ベンツに乗るなどとは筋違いだ」との批判の声が、巷から聞こえてきます。そのような、間違った見方や偏執的なＮＰＯへの解釈・評価がないわけではありません。

（5）ＮＰＯにはマネジメント力とビジネス力が必要

私は、金儲けを優先して、グラウンドワーク三島の活動を推進しているわけではなく、その他の事業からの収益・利益を、特定非営利活動に係る事業に還元できる持続可能な資金循環、ビジネスの仕組みを新たに構築したいと考え、現在、実証実験的・社会実験的な取り組みを進めていると説明しています。このように、ＮＰＯは本来、「市民会社」であることから、当然、マネジメント力やビジネス力を強化していかなくては、組織が成長していけないとの主張に対しては、ＮＰＯ関係者からの強い批判を受けることが多々あります。

「ＮＰＯ法人を設立したきっかけとして、渡辺ＮＰＯ推進室長の助言を受け、法人になったという関係者が多くいる」という噂が巷に流れています。「とにかく、まずは、ＮＰＯ法人を設立すればいいと言われました」。「法人設立は運転免許証やパスポートを取得するのと同じですと言われた」…などなど。「騙されてＮＰＯ法人になった」という人も結構いるという噂―現実的には、ほとんど聞いていません。とはいえ、現在のＮＰＯ法人の実態を鑑みると、私が、ＮＰＯ法人設立のメリットを強調して、法人化への勢い・加速化を促進したのかな、みたいな反省は若干あります。

「当時、助言を受け、ＮＰＯ法人を取得して頑張って来たんだけど、周囲を見ると、あの時、同じの理念や問題意識を持っていた理事の皆さんは、歯が抜けるようにいなくなり、今は、私と少数の役員だけしかいなくなってしまった。残った仲間の間に、何かよそよそしい雰囲気が漂うことが多くなった。

一体、私は何のために働いているのか不安になることが増えた。何がしたくてこんなに頑張っているのかわからなくなってしまった。確かにサービスの提供を受けた人は喜んでくれるけど、何か達成感を感じられないのは何故なのか。ＮＰＯ法人で頑張れば頑張るほど孤立感が深まるのは何故だろうか。」足元が寒くなるというか、こうした現実は、組織の脆弱化を表しています。

これらは内部崩壊の現象です。組織の理念の共有化に亀裂が入り、活動にはそれなりに皆取り組んでいるが、微妙な痛みを感ずるという状態です。関係者にプレッシャーがかかりすぎており、何かが歪んでいるといえます。組織の中に、持続可能な「活動循環システム」が構築されていない、一つの兆候だと思います。

それらの現実・課題を抱えたままで、NPOの活動を続けていくための勇気と確信、目的意識を関係者が持ち得ているのでしょうか。NPO法が施行されて、12年以上が経過した今、もう一度、NPOの原則論、組織論、活動論、目的論などについて再考、見直す時期が来ているのではないかと思います。この私からの辛口の問題提起・メッセージは、NPOへの大いなる期待値であり、NPOが、成長し、さらに、大きな社会的役割を果たしていただきたいという意思でもあります。

持続的な活動に向けて

（1）企業の傘下に置かれると活動理念がずれてしまい人が去ってゆく
私は、この20年間にわたり、グラウンドワーク三島をはじめとして、9つものNPOやN

ＰＯ法人の事務局長を担い、それらの組織を管理運営してきました。多分、一番、活発だった10年前においては、関わっているＮＰＯの総予算額は、約1億5千万円程度になります。職員も13人雇用していました。東京都の浜松町や静岡県三島市、山梨県富士河口湖町などに事務所を開設していました。現在は、事務局長をやめている団体もありますし、最近、新たに事務局長として関わり出した団体もあります。

これらの経験知の中で、最も難しいなと感じているのが、支援企業との関わり方です。安定的な資金確保は、ＮＰＯの総じての最大の課題です。大企業を大口の賛助会員や資金提供者、寄付者、協賛者に取り込めると、かなり高額な規模での資金調達が可能となり、職員や事務所の確保が容易となります。活動が大規模化し、マスメディアや新聞告知など、広報力も格段と強化されます。理事会など、組織内の会議も定例化され、議事録の整備も含めて、役所的な厳格性が求められます。やや組織の自由度や現場の要望を受けた臨機応変な対応が難しくなり、多様な支援者の意見の調整・尊重など、開かれた市民組織としての楽しさが劣化していきます。

すなわち、組織論としては、これらの対応策は、決して間違っているわけではないのですが、善意の人々が集まって、人々を支え、人間的な組織としての特性や個性をやや失っていくことになります。会議内の議論の中味についても、小難しい議論ばかりで疲れてしまいます。「毎月・毎週の収支の変動はどうなっているの、今回の事業の社会的評価は具体的には何、支援企業への具体的な効果はどうなの、首長は評価しているのか」など、まるでＮＰＯが、自分たちの会社の下請け会社のごとく、いろいろなことを詰問・指示してきます。

私なりの解釈では、これでは、お金と引き換えに、ＮＰＯとして大切な「共助」の意思といいますか、「共助」の仕組みを失ってしまっているように感じています。企業のＣＳＲ活動や社会貢献活動が昨今、もてはやされていますが、ＮＰＯが、その支援に一方的に依存し、甘え、油断していると、企業の意思・思惑が、徐々に、組織内部の核心部分に入り込んできて、最悪の場合、理事職や事務局長職を要求し、細かい部分まで、あれこれ口を出してきます。要求は加速し、さらに、組織全体のコントロールを始め、突然、組織を乗っ取ってしまう危険性、可能性もあります。

表向きは、公益的な活動を旨とするＮＰＯでありますが、その実態は、会社の公益活動の一環としての「営業活動」として位置付けられ、その活動の延長線上において、会社の売り込みと情報収集によって仕事を獲得する営業窓口・営業会社みたいに、ＮＰＯが利用されることも考えられます。

そうなると、もともと純粋な気持ちで参加してくれていた人たちが、去って行ってしまい、社会的な使命を失った、画一的で硬直化した組織に変身してしまいます。この質の変化に参加者は気が付き、次第に支援者が減少し、組織の劣化と脆弱化が進行していくと思います。困難視されている社会的課題に対して、熱き情熱と果敢な行動、馬鹿らしくてあほらしくて儲からない仕事に、誠心誠意取り組んでいくことが、ＮＰＯの本質的な姿であり、この姿が、善意の支援者を引き留める源泉なのです。人を大切にする組織が、ＮＰＯであり、支援企業の目的を達成するための道具ではありません。

実は私もかつて、こうした体験をしたことがあります。自分なりに精一杯努力し、死に物狂いで、ＮＰＯ活動の実績づくりに取り組んできた、その延長線上において、大企業の資金的な支援を受けるべく、理事への参加を要請しました。その後、次第に、ＮＰＯ組織・活動への内部干渉が始まり、組織論が台頭・拡大し、会議も硬直化したものに変質していきました。一部の職員も資金提供側の企業側の理事にすり寄り、無償で全体を総括している、私の指示を聞かなくなりました。その後は、お決まりの理事会での私に対する事務局長解任動議の突然の提出です。

これをきっかけとして、私はこのＮＰＯの事務局長と理事を含め、退任しました。このＮ

POの基盤を創り、発展を先導してきた事務局長を、別勢力の仕掛けられた解任劇で退任に追い込む、まさに、会社の役員会での解任劇と似ていませんか。こんな人たちと、一緒になり、社会的課題に共有意識を持って取り組むことはできません。愛と思いやりなき組織は、いつか劣化の道筋をたどります。

(2) 明確な役割分担、情報の共有等、それぞれが責任を持った組織運営のあり方

静岡県内のNPO法人は、現在、1110団体くらいあり、任意の市民団体は、約4000団体あります。日本全体においては、8万4千団体、あるいは、約10万団体あるとも言われています。その中で、静岡県の市民活動団体は全国で9番目くらいであり、数は多い方だと思います。

NPOの実態は、弱者の皆さんに対して、あるいは、社会の歪みと隙間に対して、地域で求められているサービスを提供するといいますか、非常に身近な問題に対して、課題解決のために、多様な活動を展開し、アプローチしている人たちだと思います。そういう人たちの意識、専門性の中で足りないなと感じているのが、組織運営の「マネジメント」の力です。このマネジメントとは、具体的に説明しますと、(1)人材育成、(2)資金確保、(3)物資・資材の

調達、⑷事業計画の立案、⑸管理の徹底、⑹リスク管理への配慮、⑺情報収集の徹底、⑻広報活動の手法などが含まれています。

ＮＰＯに関わっている皆さま、あるいはリーダーの皆さま「ＮＰＯの組織を支えていく、人材をどう育てていきますか。持続的な活動を支えていくための資金はどうしますか。資機材や事務所、車両など、事業を実現するための前提条件をどう用意しますか。また、創造的で革新的な事業をどう立案し、実効性の高いものにしていきますか。最新の情報は、どのように収集し活用していきますか。活動をどのように多くの人々に伝え、理解していただき、支援者を増やしていきますか。当然、内部的には会計経理の厳密性や既存施設の管理体制の整備、問題や事故が発生した場合の対処方法・役員の責任の明確化についてはどうしますか」などの検討・調整が必要とされます。

さらに、これらのマネジメントを、「どのように認識し、具体的な対処方法を確立・整備なさいますか。これら必要事項ごとの専門の担当者・責任者がいらっしゃいますか。現実的な問題として、組織の中で、誰が中心になって、人材を育て、職員やボランテイアの皆さまを管理しているんでしょうか。」など、多様な配慮事項が山積みです。

例えば、県庁など、企業も含めて、既存組織は、このマネジメントが整備・確立されています。人材は、県庁でいうと人事課が担当です。資金は財政課ですか。物資は管財課ですか。各事業は、国土交通省、農林水産省、厚生労働省と縦割でいっぱいあります。管理は、総務課でしょうか。リスクマネジメントは防災局でしょうか。いざ災害、発災というときの対応をやっています。情報は、情報管理課があります。広報は、広報課です。それぞれに、担当はもちろんのこと、担当部長までいるわけです。

しかし、NPOは一体、この組織体制は、どうなっているのでしょうか。どこに重点を置き、組織運営を進めているのでしょうか。具体的には、誰が最終責任を取るのでしょうか。例えば、グラウンドワーク三島の場合でいえば、お恥ずかしい実態かもしれませんが、誰に聞いても、渡辺事務局長（ジャンボ）となるわけです。「人材育成はジャンボ。資金管理はジャンボ。物資や機材を調達してくるのはジャンボ君。消しゴムを拾ってくるのはジャンボ。面白い事業を考え出し実行するのはジャンボ。飲み会の幹事もジャンボ。何から何までジャンボですから」のような感じです。これはあくまでも例え話ですからね。

一般的には、組織を運営するため最高の意思決定機関は、理事会です。理事会が組織の理念に準拠し、総合的な判断を下し、組織構造の骨格のもとに明確な役割分担を行い、各理事の責任のもと情報共有を行い、それぞれの能力を補完し、助け合いながら、全体として組織化されていくのです。皆さんのＮＰＯは、このような定義に照らし合わせた時に、組織化されているといえますか、それとも、組織化されていませんか。

話は前に戻りますが、理事の責任の所在の明確化が、無償と有償の分岐点かもしれません。無償の範囲なら、まあ、お金をもらっていないから「ちょっとごめんなさい」という形で逃げ道があるかもしれません。しかし、５００円でも５０００円でも、ＮＰＯから、お金をもらったとたん、言葉の内容や活動した事実に責任が発生してきます。

私は、現在、都留文科大学に転職して、1時間半の授業を10講義担当し、本日も、来年度用のシラバスを書いてきたんです。シラバスというものの責任・意味を、十分に理解せず、ある学生に、「先生、シラバスは学生と先生との契約行為です」言われました。「シラバスを見て、私は渡辺先生の授業を受けようとしました。しかし、渡辺先生の授業は半分経過しましたが、シラバスの内容とのずれが一部にあります。授業がややその場しのぎの思いつきのような気がします」と言うので、「君は、立派だなあー。よく、そこまで調べたなあ。素晴らしいよ」と誉めました。

そんなことで、確かに学生の指摘通り、原則論は、この契約行為を厳格に実施・対応していかないといけないわけです。当然、私は大学から給与をもらい、学生は月謝を払っていただいているお客様ですから。払った分だけ責任を的確に果たしなさいというのが、契約行為になるわけです。しっかりとその義務や責任を全うしなくては批判を受け、ひどい場合は、契約不履行により訴えられ危険性もあるのです。

(3) 持続性を担保しその先へと抜け出てゆくための企業化

そういうわけで、NPOを組織化していくためには、前提条件となる細かい部分の骨格・必要要件を明確化し、少し、いい加減性を内在した組織化とのバランスをどのように取るのかが大切になります。そして、いかに大局的な運営を担保するのか。それらの微妙な調整力を養わないと、厳格な組織化もできません。さらに、事業体としてのNPOの体制整備・強化も、組織の脆弱性により難しくなると思います。

これらの関わりをわかりやすくするために、昔から、説明用によく書いた絵であり見飽きている人もいらっしゃると思いますが、この積み木のような説明図(図2参照)で全体の関わり方を解説させていただきます。

本来国家の基盤を支えているのは、「市民社会」です。市民が、社会のプラットホーム、ベース、主役として、大きく存在しています。その基盤の上に、個人の善意の組織といえる、

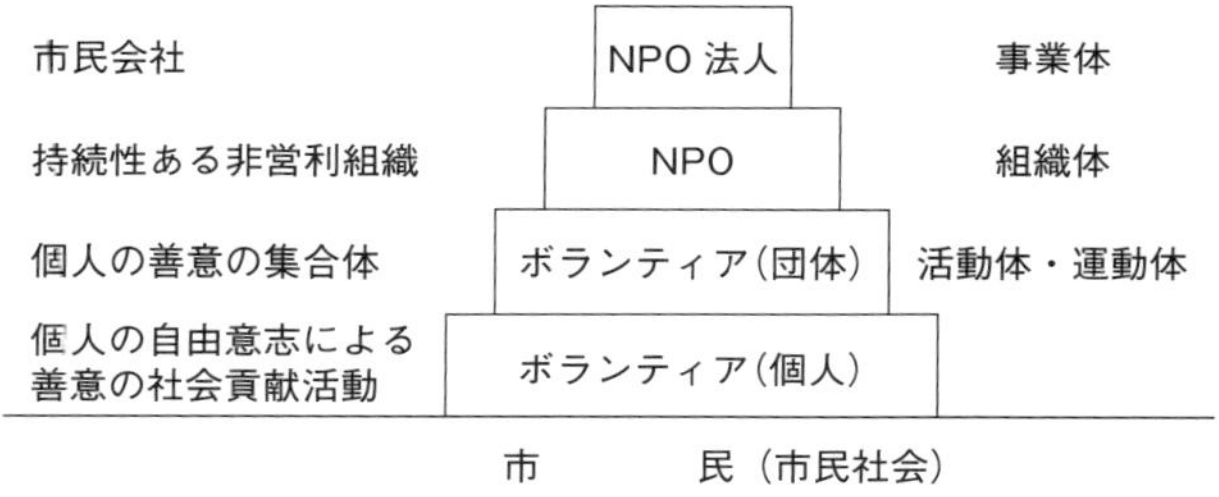

図２

「ボランティア（個人）」が存在しています。さらに、その上に、「ボランティア団体」が乗っています。さらに、その上に「ＮＰＯ」が存在し、その上に「ＮＰＯ法人」が存在しています。

すなわち、市民のボランティア意識が芽生え、増えれば、ボランティアに参加していただける個人が増加します。２人が３人、３人が４人と増加し、組織化していけば、当然、ボランティア団体として成長していきます。その結果、地域社会に市民によるセーフティーネットがひかれ、「共助」の仕組みが出来上がり、地域が安定していきます。市民が、ますます社会貢献活動・ボランティア活動に参加して、多様なボランティア団体が設立されていきます。この成長・拡大のプロセスが、「地域社会の公益力の強化、新たな共助の仕組みづくり」ということになるわけです。

さらにこのピラミッドにつきましては、多様な解釈があります。個人によるボランティア活動やボランティア団体については、「活動体・運動体」といえます。ＮＰＯは、「組織体」であり、ＮＰＯ法人は、「事業体」といえます。

この活動体・運動体の意味ですが、これらの組織は、とにかく、現場において、「ゴミを拾う、木を植える、夜回りをやる」など、具体的な課題解決のための活動が中心になっています。物事と真摯に向かい合い、情熱的に取り組み、懸命に頑張るわけです。しかし、先ほど言ったとおり、無償が活動の前提条件となっておりますから、この領域は特に、特定の個人や数人の役員に責務・重圧がかかり、長い時間を経ると、次第に心身ともに、疲れ始めてしまいます。次第に、リスクも高くなり、事故も起こりやすくなります。いろいろな活動・運動には、おおいに頑張っているんだけど、もう一つの組織づくりの課題においては、力を入れるのが難しい状態といえます。

正直言えば、見て見ないふりをし、その問題に触れないようにしている感じですか。仲間の誰かが組織の懸念について心配してくれても聞かないふりをしている。「あの人は組織の難しさを知らないから言っているのだ、私たち役員の苦労や努力を理解してくれないから、いろいろと文句を言っているのだ」と自己肯定をしてしまいます。しかし、第三者的に、その方の意見を総合的に評価すると、その方の主張は、的確に組織の欠陥や今後の取り組みの方向性を指摘しているのです。そんな前向きな、小さな提案を聞けず、意見として取り込みができなくなったら組織としての暴走であり、弱体化の一歩です。

（4）活動体・運動体から組織体・事業体へ

組織強化のプロセスの中で、大切なことは、いろんな考え方ができ、いろいろな人たちと話し合いができ、具体的な現場において、頑張ってくれている人を見つけることが重要です。人を見つける力が、組織の中に、少なくなってしまっているのかもしれません。そういうことができる、汎用性や柔軟性が脆弱化しているのかもしれません。これらの傾向や要素が、徐々に拡大・浸透していくと、次第に、組織の脆弱化が始まっているということになります。

すなわち、例えば、辛口の自由人の一部の仲間を離反させ、意見が合う人たちだけで組織を運営していこうとするとその組織は、仲良し倶楽部になり下がってしまいます。カレーライスが好きな人が集まる、カレーを食べるだけの会になってしまうのです。つまり、NPOとして活動や運動に特化してしまうと、継続性や発展性、事業性に懸念を抱えた、やや不安定な組織になってしまうのです。活動に主眼を置き、走ってばかりなので、ひどく疲れちゃうのです。

たまには、立ち止まって、自分の足元をしっかりと見つめ直して、ストレッチをやり、トレーニングしましょうという話です。こんなことをやっていては、組織の持続性は担保されません。だから私が休んでも、誰かが組織を問題なく動かせるようにする。私の親が死んでも、私が足をくじいても、腰が痛くなっても、誰かがやってくれるようにしないと、組織としての形・基盤ができていないことになります。

多様な人々が自分の得意技を発揮して、組織を支え、協力し合う組織、一人の人が突出することのない組織のあり方が求められています。この組織体制への移行は、言い方を変えると、リスクに対する「危険分散」でもあり、「役割分担」でもあります。そのような仕組みを整備していけば、持続性や発展性は担保されるということです。危険・リスクが、一人に集中せず、分散されるわけですから、「私に、そんなに無理がかからない範囲であれば、できる範囲で支援・担当してもいいよ」という話になるわけです。支援することによって、逆にいろいろな責任が負荷されるようでは支援者の確保も困難になり、組織の強化もさらに難しくなります。

そういう状況の中で、組織の変革、再編、強化を進めていくための「変革の知恵」とは一体、何でしょうか。私は、この変革の知恵は、資金確保の手段の強化しかないのではないかと考えています。お金を稼いで、脆弱なＮＰＯ組織を強化していくのです。要するに、「市民会社」を創業するということです。そのためには、ＮＰＯの組織化を図り、さらには、事業性を高め、企業化に向けた体質に変えていくことです。この資金確保の手段が、新たなる事業に取り組むための企業化に向けた手立てです。

（５）行政に対する懸念―サービスは縮小していく

日本のＮＰＯが、今後、どのように体質強化を図っていけばいいのか、あるいは、社会的企業として、どのように成長していけばいいのかの方向性について検討し、思考するための参考事例として、イギリスの場合を紹介します。

まず、大切なことは、現実社会の構成員に関わる現状認識です。一般的には、行政と企業とＮＰＯ・社会的企業によって構成されています。

行政は、サービスの原資は税金によって成り立っています。国民から、広く、税金を徴収して、国民に対して、公益的・社会的サービスを提供しています。サービスの提供という形で、国民に税金分の一部をお返ししており、これが、行政の役割です。ただし、問題は、そのサービスの中味が、行政の仕組み上において、あまりにも均一で均質で均等なサービスになっているということです。理由としては、行政による「平等の原則」が、起因しています。

この「平等の原則」は、一見良い言葉に聞こえますが、よく考え、調べてみると、社会に見えにくい領域において、「不公平」が生ずる危険性があります。例えば、こども手当は悪くはないとは思いますが、お金にまったく困らない高額所得者の子どもがもらってしまう可能性もあり、弱者の人たちに対して、的確・適切・効率的に、お金が行きわたっているかというと、少し違うのかなという気がします。現在、国の施策として実施されている、農家の戸別補償も、農家に聞くと、もらえるものはもらった方がいいからということで貰っているようです。

しかし、この施策が、本当に日本の農業の高度化や集約化を促進して、耕作放棄地の拡大を防止し、若手の中核農家や専業農家の育成に貢献しているのかを考えると、違うんじゃないかと思います。そんなお金のバラマキではなく、若者や企業の農業参入への規制緩和や農地の賃貸制度の自由化など、農業行政の解放政策や農業施策の重点化を図っていただいた方が、現実的には、日本農業の体質強化に貢献できると思います。

そんな、行政サービスの不適切性により、さらに、これらの無駄な公共事業の蓄積による膨大な借金の膨張により、財政破綻への加速化が進み、行政のサービスが、ますます萎縮・

劣化していく方向ではないかと危惧しています。この傾向は、今後とも激しく、果てしなく、偏心し、そういう方向に追いやられて行くような気がします。

（6）行政・企業・ＮＰＯ・社会的企業による新たな社会システムの構築

民主党は、今の日本の閉塞感と官僚主義、利権国家の仕組みは、「自民党政権による半世紀の歴史の中でつくられた弊害だ」と反論し、3年前に、政権交代を勝ち取ったわけですから、重い十字架を背負っていただき、日本再生の方向性や道筋を国民に明確に提示していただく責任があります。

瓦解したマニフェストの嘘を正直に国民に陳謝し、白紙にもどし、新たな「日本再生プラン」の提示が求められています。マニフェストにはなく、選挙という国民の審判を仰いでいない消費税増税法案を、自民党や公明党など、本来、意思を異にする政党と「政治談合」し、可決させた責任は、まさに、国民無視の政治の暴走であり、これらの政治家が施策の基盤を決定し、行政を動かすとしたら、民意からの乖離が起こると強く危惧するものです。

消費税は、行政の資金調達の手段として、最も安易な手段だと思います。国民にさらなる負担を背負わせ、5％アップで約13・5兆円もの新規財源の確保を前提として、官僚統制のもと、また、土建業の復活を含めた、無駄の暴走・「公狂事業」の拡張が始まります。

本当に施策の安易性にあきれます。なぜ安易かと言うと、国民に負担をかけ、行政だけを肥大化させていく仕組みでは、現在までの失敗の連鎖を見ても、多くの無駄を発生させ、いつまでもこの状況が続くわけはなく、今後、さらなる増税の繰り返しが余儀なくされることが明らかだからです。

今、最も必要とされていることは、資金の拡張ではなく、行政・企業・NPO・社会的企業とが協働・連携して、合理的、効率的な社会を創り上げていくための新たな社会システムの構築にあるのではないでしょうか。構成員相互の役割分担をどのように進めるのか、構成員相互のスリム化をどのように進めていくのかが、増税や税金のバラマキより、絶対に必要不可欠な施策だと思います。今の民主党の政治行動、政治家の思考は、そういう観点から評価するなら、国づくりの方向性がずれ、迷走飛行だと思います。

企業の社会的役割

（１）企業に対する懸念―企業は社会を支えなくなるのでは

企業もいかがなものでしょうか。こんな事を言うと怒られそうですが、この間、新聞を読んでいて驚いたことは、日産がタイでマーチを生産して、日本で１００万円代の価格で販売する、新たな日本車の逆輸入に乗り出したとありました。日産は、グローバル企業化に邁進しているので、当然の販売戦略だと評価すべきことなのでしょうか。

実は、イギリスが、１９８０年代に国の財政破綻が起きた最大の理由は、イギリスの企業の多くが「多国籍企業化」したからだといわれています。例えば、本社をモナコや香港、マカオに移し、国内での法人税などの重税を免れます。しかし、商売は、イギリスブランドを活用して、商品に付加価値を付け、他国の製品と差別化を図り、販売拡大していきました。

結果的に商品が海外で売れてもその利益をイギリス本土に戻さず、中東の石油王など他国の株主に分配し、さらに、内部留保として海外拠点の自社に蓄積していきました。そんなことからか、スイス周辺の別荘地帯は、中東の石油王に買収され、多国籍化していっています。

このように、国外に拡散するイギリス国内の経済循環を放置した一方で、イギリスは、社会保障の充実、こども手当や生活保障のバラマキによって、財政出動が拡大し、結局、財政破綻に陥りました。「ゆりかごから墓場まで」と羨望された、イギリスの過保護政策の限界が露呈した格好であり、政治や行政の限界を見事に実証していると思います。

私は東京農工大学の農学部出身ですが、同級生がヤンマーディーゼルに勤務しています。ヤンマーは、主要な工場を中国に移転し始めています。海外で製品を生産して日本に逆輸入しているのです。円高とか、海外の人件費の安価性とか、いろいろな事情があることは承知していますが、こんな経済構造が続くと、日本経済はどうなってしまうのでしょうか。

もう日本は中小企業を含めて、モノづくりの現場ではなくなり、海外で生産された日本製品の販売市場になってしまっているのでしょうか。こんな、海外シフトの生産体制では、国内における雇用の場が減少し、若い人たちの就職先が、先細りになってしまいます。せいぜい本社に数人勤務です。

もしも日本で就職ができたとしても、英語が喋れないと、仕事になりません。すでに、楽天やユニクロなどは、会社内での公用語が、英語になったと聞いています。社員は日本語を喋っちゃいけない。グローバル企業は、言葉も英語が主軸の時代に大きくシフトしてきています。日本の学生も、英語を充分に喋れなければ、就職も難しく、海外での仕事に就くチャンスが遠のく、そんな時代になりつつあります。TOEIC750点とか800点以上というような前提条件・受験資格が付加される会社が、増加しています。若者は、世界の中で戦っていかねばならない時代になっています。

（２）企業の社会貢献による新たな経済循環システムの創設

このような国内での就職難の状況ではありますが、企業の社会的使命の一つとして、雇用の場の提供があると思います。特に、若者の雇用を確保していくことは、今後の地域社会を支えていくための力・源泉になるものです。そんなことは、百も承知していますが、この経済情勢、国際化の中で勝ち残っていくためには、人材確保には手が出せないのが現実的な姿であるとの声が大きいと思います。

確かに、若い人を雇用し、障害者を雇用し、同業の中小企業とのネットワークを構築して、お互い同士が、成長していければ、結構な話だと考えている会社は沢山あると思います。しかし、その実態は、国際競争・国内競争・円高傾向・震災影響などの要因により、企業の懐も非常に厳しくなっており、雇用を強化して、地域社会を支えるというような、きれいごとに付き合っている余裕がなくなってしまった会社が増えています。地域会社の存続に貢献しようとする意識は経営者にはあるものの、それを実現するだけの資金的な余力も新たな仕組みづくりのための工夫もない会社になりつつあるという気がします。グローバル化というものは、企業論理や収益性ばかりを優先する「非情な論理」といえるものかもしれません。

企業としての閉鎖的・独善的な論理を優先する日本企業は、今後の日本の社会において、大きな社会的な使命・役割を担える力を持ち得るセクター、母体にはなり得ないのではないでしょうか。期間臨時職員の雇用増加を含め、終身雇用の仕組みが崩壊し始めている日本では、若者や女性、まだ働ける高齢者などを雇用する場が、極端に少なくなり、この反動から、生活保護世帯の急増が続いています。自分を表現する場所がなく、見つけられないのです。

こんな国家的な緊急事態を踏まえた上でなお、国としてはとにかく消費税が、それらの複雑な社会問題の特効薬になるとでも考えているのでしょうか。お金による「施し」と「バラマキ」からは、人としての自覚と自律は生まれず、生産性の向上を創り出す、新たな経済循環システムも胎動しません。今、まさに、庶民へのしわ寄せが、増大するばかりの政治と行政、企業の悪政・悪行の嵐です。

（3）企業と連携する―研修の受け入れや社会貢献の場を提供

これまでに、いろんなお話をしてきましたが、結局は、「パートナーシップ」と「ネットワーク」の大切を訴えてきたような感じがします。

この二つのキーワードの中で、一番重要なのが、パートナーシップだと思います。例えば、企業へのアプローチを行うと、多様なパートナーシップの仕組み、関わり方が生まれてくる可能性があります。パートナーが、専門家を多く抱える企業であったら、斬新なアイデアや対応策が集まってくるかもしれません。マーケティングの専門家、袋を意匠する専門家、広報の専門家、多彩な経験を持った人たちが、ＮＰＯ支援のために集まってくるのです。一方、ネットワークとは、どちらかというと、組織的なつながりを指しています。

このパートナーシップとは、市民、行政、企業とのパートナーシップを指します。ネットワークとは、多様な市民団体のネットワークを指します。パートナーは、金儲けが、うまい連中が集まるといいですね。また、独自の多彩なアイデアや情報網を持っている連中もいいですね。

組織同士の連携軸ですから、高価な物でなくても、うまくいろいろと加工してしまい、付加価値を付けて販売してしまうみたいな、そんな応用力を内在している人間を集めてくるのです。はっきり言いますが。そういう変わり者、異質な人達との連携によって、ＮＰＯも依然と違う活動展開と社会的な役割を見つけることができると思います。

例えば、企業との関り合いの中で、グラウンドワーク三島として、3年ほど前から、取り組んでいるものとして、株式会社クラブツーリズムとの関係があります。クラブツーリズムの新規職員として、毎年、春に80人程度が入社します。その新入生の現地研修はグラウンドワーク三島が三島の現場においてワークショップ形式で実施しています。

その他に関わり合いのある企業は、キャノンです。キャノンはコピー機などいろいろなものを販売しています。お客さんが何十万人もいるそうです。最近のお客様からの要望で増えているのは、「何かどこかで地域活動に関りたい、何かボランティア活動をしたい、そんな機会を設定してほしい」というものだそうです。

キャノン自身も関連企業も多く、何万人もの職員がおり、家族まで入れるとさらに沢山になります。そう言う人達も、社会貢献活動に参加したいが、その場が見つからないと言うことで、是非とも場と機会の設定をグラウンドワーク三島で調整・仲介してくれないかとのことで対応しています。

企業のお客様と職員・家族、関連団体をコーディネイションして、ボランティア活動の場と社会貢献活動の機会を提供しているのです。当然、これらの事業に関わる経費やコーディネイターのための経費は、いただいております。これらの具体的な関わり方が、企業との連携、企業の社会貢献活動、すなわち、パートナーシップとネットワークの関わりになります。

ソーシャルビジネスとはちょっと違うかもしれませんが、企業とＮＰＯが連携していく。企業の強烈な知識、あるいはグローバル性みたいなものをうまく使っていく、ということもソーシャルビジネスの一環であるかもしれません。

第2章　ソーシャルビジネスと社会的企業

世界のソーシャルビジネスと社会的企業

ＮＰＯは、その活動に持続性を持たせるためにも、自主財源を確保するための「事業収入・自主事業」を育ててもらいたいわけです。そういう観点から、地域社会雇用創造事業のプレゼン時に、行政と企業の真ん中に、「中間労働市場」と位置づけたのが、「ＮＰＯ・社会的企業」の母集団でした。

例えば、企業は、ひたすら利益追求のために経済活動を進めているわけですが、企業と社会的企業との違いは、一体何なんでしょうか。企業は、利益を「株主に分配する」ことが責務です。しかし、社会的企業は、利益の追求を図りながら、株主に利益を分配するとともに、利益の一部を「社会に還元する」責務を担っています。

企業活動に社会性・公益性があるとともに、企業活動で生まれた利益を、さらに新しいサービスを生み出し、社会に還元・提供していくということです。そのための原資を企業活動を通して、稼いでいることになるわけです。お金を稼ぐことが、当然、第一義的には重要視されますが、その利益が、もっと大きな力になって、社会的課題解決のために活用されていくという、収奪型の資金獲得の経済活動ではない、利益が経済領域を循環する経済システムだと考えてください。

ご存じのように、バングラデシュ出身の経済学者・ムハメド・ユヌス氏が1983年に「グラミン銀行」を創設なされ、貧困層の人々に少額の資金を融資するマイクロファイナンスを発想し、新たな社会的企業の仕組みを成功させ、ノーベル平和賞を受賞なさいました。

彼が目指す社会的企業の具体的なイメージですが、例えば、彼はドイツのフォルクスワーゲン社に行き、バングラディシュ用の多様な機能を有した車を製作してほしいと提案しました。具体的なイメージとしては、バングラディッシュで走っているフォルクスワーゲンは、一見、ヨーロッパのフォルクスワーゲンと同じです。しかし、決定的な違いが、幾つかあります。

まず、ボンネットを開けると、エンジンが簡単に取り外しできます。そして、それが水中ポンプに使え、発電機に使え、船のエンジンに使えます。さらには、車の気密性を高くして、水陸両用車としても使用できるのです。洪水時には車が船として、使用できます。こんなに多用途の機能が満載なのに、一般の車と同じ値段で販売するわけです。現地の車に対する多様な要望をかなえた夢の車といえませんか。

「無私の心で新事業を拓け」と訴えている、ユヌス氏。日本の車のメーカーは、ひたすら、利益追求に盲目的に励むのみで、車の多様な機能を生かした、社会的な活用を考えている会社は少ないと思います。儲けるための市場としての価値判断で、貧困国で車を販売しているだけです。車の特性を生かし、先端技術を駆使した地域弱者への社会貢献活動は、企業活動としては検討できないのでしょうか。

テレビでは森づくりのための植林活動を展開しているとか、熱帯雨林やマングローブの保全活動をしているとか、国際的な社会貢献活動の宣伝には熱心です。しかし、肝心の車の技術力を生かした、商売と整合性がとれた、社会的企業としての取り組みはあまり聞きません。一方、フォルクスワーゲンは、ユヌス氏の助言・提案を受け入れ、懸命に、エンジンの多様性に努力しています。

このフォルクスワーゲンの姿勢が、社会的企業のスタイル・姿勢です。その他、ナイキを始めとして、グローバル企業は、企業の得意技を駆使した、共助型の社会貢献活動に努力しています。そのような企業モラルが、世界的な企業の多勢・潮流になっている中で、日本の企業の多くは、旧態依前の利益至上主義を押し進めています。利益幅が少なくなり、赤字が見え始めると、一方的に人員削減を優先する、こんな非生産的な対応策ばかりに努力しています。

(1) 重要な「中間労働市場」の存在

私はグローバルになればなるほど、社会的企業としてのマインド・意思・機能を持った、NPOや社会的企業が活躍できる、「中間労働市場」の存在が重要になると考えています。この中間労働市場の存在が、「新生日本」の拠り所になるものであり、グローバルな経済循環の中で、世界の評価を勝ち得る原動力としても、非常に重要な社会構造になるものと確信しています。

特に、若者を中心として、多様な国際的な体験をしていただきたいと期待しているプログラムは、グラウンドワークUKから学んだ先進的な事業を参考にしています。例えば、「大卒生就業支援プログラム(GAP事業)」では、大学生に対して、59000週のプログラム実施と毎年2900人の就業実現をなしとげ、「未就業プログラム」では、2400社の起業家を育成・支援しています。

イギリスの大学生は、大学在学時代に3カ月、6カ月、1年間の教育プコグラムに参加することができます。そして、この大卒生就業支援プログラムに参加しますと、大学の単位に認定されます。また、このプログラムを卒業した参加者の就職率は、90%近くにもなっています。そんな意味合いで、非常に人気の高いインターンシップ・プログラムといえます。イギリス政府は、このGAP事業に対して資金を投入して、若者の就業体験、就業支援を徹底的に実践しています。

このプログラムの多くを、グラウンドワークUKが、イギリス政府から受託しています。日本では景気を反映して大学生の就職率が80%台に低下し、社会問題だと騒いでいますが、イギリスでは、ここまで資金を確保して、若者の雇用を守り、あわせ、NPOへの支援金の提供による後方支援とともに、地域のNPOの仕事を体験させることで、地域の現状把握と人間力の向上を図っています。国家的な経費をかけ、大学生を対象として、社会やNPOの世界で多様な体験をさせ生きた社会学を学ばせています。

さて、イギリスにおけるボランタリーセクター・NPOは、約50万団体あると言われており、そこが大学生の受け入れ組織になっています。この制度の拡大・浸透により、貧困層が住むスラム街やダウンタウンが、スタッフになった大学生の活躍によって、売春行為や麻薬密売が少なくなり、治安が安定した事例が増えています。このGAP事業の制度が、今、イギリスのボランタリーセクターを成長させている要因にもなっています。

当然、持続可能なマニュアル化された学習のプログラムを策定しなくてはなりません。国の税金が原資ですから、「会計検査も入ってきますし、税務的な調査もありますし、実施的に本当に就業できたのか、目的通りに会社が創業できたのか」などの追跡調査もあります。しかし、この制度は実質的に成功しています。私もこの7年間くらい、私の学生を連れ、訪英し、毎年、学生たちは実地体験させてもらっています。イギリスの若者とともに、3日間、このプログラムに参加させ、オックスフォード大学やロンドン大学、バーミンガム大学、ウェールズ大学などの大学生との交流も行いました。

オックスフォード大学の学生たちの家族には、国会議員や弁護士などが多くいます。その人たちの子どもが地域に来て、NPOの職員として、地域の困難な社会問題に真摯に立ち向かっています。対象者は、「ドラッグ常習者だとか、小学生で妊娠してしまった女の子だとか、殺人を犯してしまった少年だとか、英語もわからない移民の人たち」…そういった、一種の社会的弱者を支援し、専門性を身に着けさせ、更生させている組織が、イギリスにはグラウンドワークUKを始めとして沢山あります。

その最前線の現場において、1年間、深刻で複雑な社会問題と対峙して、汗を流して頑張る。社会の底辺の現実と縮図を体験することによって、学生は、課題を抱えた子どもたちや若者、失業者たちと話し合い、気持ちを一つにして、個別ごとのカウンセリングも行い、全体としての具体的な解決策を見つけていきます。まさに、日本的な表現をするなら、「社会的適応能力」を、大学生に体得させるために、「自分がどういう能力を持っているのか、どういう能力が足りないのか」等々を、現場体験をとおして、自覚・認識させているのです。

イギリスには大学が150校位あります。ですから、約700校ある日本の大学のスケールとは違いますが、やはり階級社会なので、いろいろと戦略的にこの若者教育プログラムが仕組まれていると思います。将来的にはイギリスのトップに立つ人たちを、的確に確実に、地域の生活現場に呼び込み、社会的トレーニングをさせようとするものです。日本の大学には、欠けている、「実践学・現場学」を学ぶ、「生きた社会大学」の制度だと羨ましく思います。日本にも、制度設計が必要不可欠な施策だと考えています。

(2) イギリスの社会的企業

さて、この10年間、私は、毎年、イギリスに行っています。特に、この5年ほど、注目しているのが、「ソーシャルビジネス・社会的企業」です。すでに、40~50社ほど視察しています。日本流に説明しますと、「NPOビジネス会社」といえますか。宅老所や宅配サービスなど、本当に、生活者に密着した、小さな、きめの細かいサービスを提供しています。

その会社は、少しハンデを抱えた人たちによって経営されていたり、給与は、収支を勘案し、ワークシェアが原則のようです。日本で言えば、売り上げ1千万円クラスの所に100人くらいの人たちが働いています。多文化・多国籍の人たちが、いろんな形で重層的に関っており、役割分担を明確化にして、障害にも負けず雇用の場を確保しているのです。

現在、イギリスには、このソーシャルビジネス・社会的企業が、5万5千社あると言われています。定義によって色々ですが、ボランタリーセクターは、約50万団体あると言われています。サッチャー時代の14年間に、15～18万団体が育ち、その後のブレア時代の10年間に、20～25万団体が育ったといわれています。最初は、10万団体あったと言われていますから、現在、キャメロン政権となり、イギリス全体では、約50万団体あるわけです。日本は、NPO法が施行されて12年間以上経過していますが、NPO法人が、約4・5万団体ほどあります。その数は、イギリスとは、比べものにはなりません。

先ほどから、説明してきたとおり、イギリスでは、このNPO・社会的企業の育成・拡大は、新たな社会的サービスの主体者を創設してきたプロセスだと思います。要するに、事業家や起業家を増やしていったんです。どんな理由と背景により、これほどまでに、新たな組織が増加したのだろうか。その要因は、まず、徹底的な規制緩和だと思います。いろいろな税金が免税されていることです。こういう公的な支援が追い風です。例えば、廃校になった学校とか施設を無料で貸し出しています。電気代や水道代なども、ある期間は、行政の支援を受けられます。

それから、野菜などを特別に市場単価より、安価で供給しています。デイサービスで給食センターをやっているところを、3箇所視察してきました。例えば、この野菜を、お総菜として加工・調理して、学校に持っていって販売しています。中学校とか高校ですけれども、カウンターがあって、そこにこのお総菜が置いてあります。それを各人がお皿にとり、食べない子もいるので、その都度袋に入れてしまうと無駄になるため、重さでいくらという量り売りスタイルで販売しています。現実的には、それぞれの民族的な食事なので、口にあい、ほとんどが売れていました。車も役所が使用しなくなった公用車を借りて使っています。商売上の初期投資がほとんどなく、前提条件となる経費がかかっていないのです。経費が節減できているので、収益は増えます。

行政は、多方面に支援し、細かい配慮をする役割を果たしています。そこで働いている人たちの賃金は、日本円で、3時間で1000円、1日で3000円、多い人で5000円といったところです。そんな雇用形態でも、安心感の中で働くことができ、次第に、労働の喜びと商売の楽しさや苦しさも学んでいくのです。

泥棒、暴力、麻薬、売春といった、もしかしたら、そんな悪の世界に行ってしまうような人たちを雇用することによって、彼らに、現場研修を通して、専門性を身につけさせることによって支援しているわけです。日本ではまだ、支援のスタイル、レベルがイギリスまで行っていなくても、そのレベルに近い人たちや組織が増え始めています。

そのような意味では、ＮＰＯが行政と協働・連携して、行政の直接的・側面的な支援を受けながら、社会のセーフティーネットになっていける可能性は間違いなくあります。それが、ＮＰＯの原点だと思いますし、社会的企業を創業していける成長のステップだと思います。

規格外野菜など、市場で売れ残った野菜は、そのほとんどが、捨てられてしまいます。イギリスでは、市場が、ＮＰＯにそのような野菜を安く、無償でプレゼントする、スーパーが消費期限ギリギリのもの、数日後には売れ残ってしまうものなどをプレゼントする支援活動があります。

その制度を活用している、ＮＰＯも活躍しています。野菜を集めて、給食センターに運び込み、場所や機材を借りて、その場で、お総菜に調理しています。ＮＰＯと行政とが、お互い同士の役割を分担しながら有機的に関わり、その関わり方の中で、ビジネスの可能性、企業性を創造していくのです。

ＮＰＯで働いている人たちは、今までは、ほとんどが失業者や若者の未就業者でありながら、今では、懸命に働き、社会的役割を果たしています。仕事の喜びと達成感が、人に自信と自主性を醸成しています。

廃校を複合施設として有効利用

例えば、3年ほど前に視察した、マンチェスター市に廃校になった小学校がありました。その学校は、ＮＰＯが運営していました。驚いたことに宅老所とデイサービス、保育園が一緒になって運営され、5歳の子どもが車椅子に乗ったお婆さんを世話していました。日本では、そんな複合的な機能が整った施設があるのでしょうか。そして、夜は校長室がパブになっています。体育館では電気をつけて、フットサルをやっています。

この多機能な施設活用により、何が起きたと思いますか。学校は広く、学校の周辺は、夜になると人通りも極端に少なくなり、暗く、治安上の不安と危険性が想定されます。実は昔この辺りには、暗闇を使って売春婦が立っており、夜は大人の世界だったのです。

それが今では、学校を昼夜使用しており、人の出入りも多く、明るく、賑やかになり、警察による監視も厳しくなり、売春婦も大人たちも近づけなくなったのです。施設の多様な活用は、このように地域の治安や防犯を強化するなど、多様な社会的波及効果を及ぼします。行政が使用できなくなって放置された学校施設を、ＮＰＯに解放したことによって、多機能の複合施設に生まれ変わりました。

現在、高齢者や障害者、社会的不適合者などの社会人学校、専門学校としても活用され、さらに効率性を高めています。これらの各事業は、すべて安価にしても有料であり、一部、補助金や助成金は活用しているものの、「ＮＰＯビジネス」として運営されています。職員は、移民の方々が多く、英語もままなりませんが、多文化・多国籍の視点から見た、社会的サービスを発意して、社会の歪み・隙間を補っています。

また、イギリスにおいても、現代病であるメタボ・肥満が、社会問題になっています。体型が日本人に似ているイギリス人は、体はそれほど大きくはないですが、高血圧や心臓病、糖尿病などの成人病が、若者に広がっています。フィッシュ＆チップスなんて、炭水化物と油が満載の食べ物を大量に食べるのですから、肥満は当然です。

そのために、最近イギリスでは、油分や塩分が少なく、野菜いっぱいの健康食的なお総菜が人気です。この一種の食育教育を、社会的企業の領域の人たちがレストラン経営などで協働して、ビジネスを立ち上げています。国の施策としてもそういう人たちに対して、重点的に国の補助金を投入し、規制緩和を行い、彼らを支えています。これらの動きは、現実的な社会問題をテーマとして、ビジネスの創業を図る絶好のチャンスに転換した、「小さな産業」の創設だと考えています。

NPOの将来、社会的企業へ

(1) これからは小さくお金を儲けて持続させる仕組みを作る

ＮＰＯが「事業体」になることがすべていいことだとは言いませんが、今以上に発展・拡大していくためには、組織として考慮しておくべき重要な課題です。この事業体になって行くための要件としては、組織としていかに、お金を稼ぐかの知恵と創造的な取り組みにかかっています。

儲けるためにだけに、お金を稼ぐのではなく、現実的にお金がないと、組織の維持は難しいということです。持続できないということは、社会的な使命を全うできないし、地域や行政の信頼も得ることはできません。

日本の車の安全神話が、トヨタによって、崩されようとした事件が、３年前に起こりました。車のアクセルペダルの不都合による事故が起こり、トヨタは、アメリカ国内で販売した８種類の乗用車計約４２６万台規模のリコールを余儀なくされました。この原因になったアクセルペダルを生産したのが、海外の部品会社です。３年前のトヨタは、年間いくら収益をあげていたのでしょうか。約１兆２千億円です。もう、売れて売れての絶好調状態でした。あのトヨタのカンバン方式を活用しながら、日本の小さな町工場で生産された品質のいい、しかし、少し値段が高い部品購入をやめ、価格の安さを優先して、アメリカやメキシコ、中国などから、部品を調達して、差益を生み出してきました。

その弊害と損得勘定優先の姿勢が、大量のリコールとして、現れてしまったのではないでしょうか。トヨタの利益至上主義、自らの傲慢さによって、結果的には、会社存続にかかわるような負債と信用失墜を招き、日本のものづくりの、技術優位と伝統に悪影響を与えたのではないかと思います。生産性の向上と利益の限りない拡大・蓄積は、企業倫理であることは承知しています。しかし、大変失礼ですが、あまりにも、お金を稼ぐことに集中・偏心してしまう利潤追求型の企業には、いつか何かしらの問題や限界が発生します。

やはり、商売とは、小さくお金を儲けることを規範として、誠心誠意、信頼される商品を生産し、関連部品会社などとの歴史的・人間的な関わりを大切にし、「共存共栄」や「相互扶助」の新たな経済的な仕組みを創造していくことが大切だと考えています。その新たな経済的な仕組みを具現化・事業化したのが、NPOビジネスや社会的企業のスタイル・マインドではないかと考えています。

ゆえに、NPOのリーダーは、これからは、NPOとしての公益的・社会的な活動・運動を懸命に取り組みながら、どのように稼いだらいいのかのお金儲けの事も、懸命に考えていかなくてはならないのです。そうでないとNPOは、趣味・趣向のボランテイア組織として、多様な課題を抱えたまま、脆弱化・劣化への方向に流され、さらに困難な局面に追いやられることになります。

(2) アウト・オブ・アフリカの日本人・佐藤芳之氏に注目

私が尊敬する大先輩で、アフリカの父と言われている日本人がいます。佐藤芳之氏です。アフリカのケニアで、「ケニア・ナッツ・カンパニー」を経営されており、アフリカに渡り、約50年、年齢は、73歳です。インターネットで「アウト・オブ・アフリカ」で検索していただければ、佐藤氏の情報がいろいろと出てきます。

アフリカの地で、マカダミア・ナッツを栽培し、英国航空などの機内で食べているものがそうです。その他に、肥料会社を始めとして、多くの会社を経営なさっており、現在、そのほとんどを現地の人に譲り、ケニアに多くの雇用の場を確保し、人材を育成してきた人です。「自分の富を求めるのではなく、他人の幸せを求める」のが、経営者・企業の社会的責任だといわれ、多くの財産をアフリカの地に譲渡してきてしまうマインドを持つ、社長です。

その方から、３年前、アフリカのナイロビから、突然、私に連絡があり、是非とも、会いたいということで、奥さんともども、アフリカから三島に来られました。源兵衛川など、グラウンドワーク三島の活動現場をご案内させていただき、熱いお話を聞きました。

要件は、「バイオトイレ」についてでした。「実は、私は、アフリカで最大の懸案・問題になっている、し尿処理問題・生活環境改善対策に、自分の最後の仕事・奉公として取り組みたい。是非とも、バイオトイレに関わるノウハウを教えていただけないか」という依頼でした。

さらに、彼は、「今まで株式会社を経営してきたが、今後は、まずは、ルワンダ共和国において、し尿処理の社会的企業を創業して、国内の生活環境の改善を図り、水質悪化が原因の乳児や子どもの死亡率を下げ、さらに、アフリカ人を育て、専門性を身につけさせ、企業経営のマネジメントを勉強させ、自分たちで運営管理できるように育てたい」と、次なる新事業の構想を語ってくれました。

この事業構想を聞き、佐藤氏こそ、本当の社会的企業家だと思いました。ナイロビに家があり、お金に困らない人が、ここであえて財産を処分し、裸一貫となり、原点から会社を興す。その無私の意思に感動するとともに、自分の卓越した経営者の知恵を活用して、人的援助に取り組む姿勢には、感服しました。全体の奉仕者としての新たな経営者のあり方、姿勢、考え方、理念などを実感しました。

ご夫婦は、かつて、強盗に襲われ、ピストルで足を撃たれたり、自宅に警察署長が泥棒として侵入してきたこともあるそうです。それほど怖い、アフリカの地に50年もの間住み、子どもを育て、命がけで頑張ってこられた、佐藤氏の思いが、今回、社会的企業を創って儲けを、貧困の地域に返し、さらに、この事業を通して、現地の雇用を生み出し、専門性を身につけさせ、自立させていこうという思い、本当に敬服するとともに、他人のために働く経営者・日本人が世界を舞台に活躍しているのです。

（３）ＮＰＯ法人グランドワーク三島のバイオトイレ

私は、今後、佐藤氏と一緒になって、バイオトイレの会社を創業したいと考えています。その会社名は、「ベン・アンド・ジョー」と呼びます。ベン・アンド・ジョーの意味わかりますね。これを早口で何回も言ってみてください、「便所」になります。

「ジャンボさん、バイオトイレを売りまくり、結果的に、アフリカ国内で、３億箇所に便所を設置しよう」と、佐藤氏の夢・目標は、壮大でかなり挑戦的なものです。こんな難題を聞いて、皆さんは、心が、ワクワク、ドキドキしませんか。

３億箇所と言ったら、１個１円で売っても３億円の販売額です。アフリカ人は、お金がないけど、ビール一本の値段が、価値観の尺度だそうで、日本円で１３０円だそうです。皆が買えるのは、だいたいビール３本分だそうで「便所の価格が、３００円から４００円だったら、一基は売れる」とのことです。

こんな安価過ぎる価格帯の製品を製作することが可能でしょうか。企業であればこの価格設定の段階で、新規事業から撤退だと思います。しかし、ＮＰＯや社会的企業は、あの手この手の知恵と情報を多用して、アフリカ仕様の簡便なトイレの製作に着手します。目標は子どもたちを助けることであり、アフリカ仕様をベースにした、雇用の確保と人材の育成なのです。

実は今、実際に実証実験をしています。し尿後、落下物を杉チップを入れたドラム管内に取り込み、手動のハンドルを回し、撹拌処理するモデルです。撹拌され、臭いも消えます。サニテーション方式を採用し、10日程度経過したものは、収納のドラム管から排出して、土に戻し肥料として使用します。村人のし尿処理の副産物として、高価な肥料がタダのように生み出される、そんな循環型の処理システムの製作を目標にして、グラウンドワーク三島において、実証実験を実施しています。

「バクテリアの力がアフリカの気候風土に適応できるのか、アフリカ人が大切にしてくれ適切な操作ができるのか、価格の評価を受け実際に売れるのか」など、検討課題は山積みです。しかし、夢はグローバルで果てしがありません。

しかし、佐藤氏との議論は、具体的で現実的で、収支を前提とした、原価計算の話です。「渡辺さん、杉チップは4トン積みのコンテナに入れていくらかかりますか」「ナイロビの港について関税がかかると、これがこうなる」「3日後にすぐ見積もりを取って出してください」「アフリカ仕様のバイオトイレの構造図をすぐにください」など、話は早いです。

アフリカにおいて、「アフリカの工場」と呼ばれている国は、エチオピアだそうです。アフリカで物を製作する場合は、ほとんどが、エチオピアでつくられているそうです。エチオピア人は、ものすごく手が器用で、絵を渡しておくと、ステンレス以外は、何でも作ってしまうそうです。「その構造図をいただければ、私の使っている工場ですぐに製作できます」と佐藤氏は言い、「すぐにでも、見積もりを提出してください」と言って帰国しました。

佐藤氏は、「安価な値段でも数の力で、儲かる」と言うんです。今まで、企業家やＮＰＯの皆さんとバイオトイレの販売の話をしていて、すぐに具体的な原価計算や機器の改良の段階まで話が展開・拡大していくことは皆無でした。これぞ、本物のやり手経営者の姿であり、今後、ＮＰＯが、目指す社会的企業家の理想のあるべき姿だと感じました。

（４）先鋭化し企業化してゆく

佐藤氏のバイオトイレに関わる販売計画は、ユニークです。地域内にある「市場」向けに販売する戦略です。市場って、人が一番、集まる所です。市場には、どこかに便所がありますが、どこも溜め便所で、その悪臭はひどいものだそうです。市場には、東西南北に公衆便所が設置されており、悪臭がしない方向のブロックのお店が売れるんだそうです。

悪臭がひどい方角のお店には、人がいかないそうです。また、公衆便所では足りないので、周辺に穴を掘り、便宜的に使用しており、これらの便所からは、風向きの違いにより、悪臭があちらこちらに漂うそうです。悪臭がひどいブロックのお店の人たちは、今度は、反対側に穴を掘り、悪臭がそちらに行くようにする、トイレ戦争が勃発しているそうです。

そんなことの繰り返しで、市場の周辺は、便所用の穴だらけでし尿が垂れ流されています。悪臭がないとお店が繁盛するそうですから、もしも、このバイオトイレを設置・販売できれば、市場にお客が沢山集まってきて、市場全体が活気づくと言うんです。

佐藤氏は、現在まで、消臭剤を使った実証実験や学生を使っての市場調査を実施しています。実証実験や調査の結果、東西南北に4箇所、このトイレを設置すれば効果的であると判断し、実際に試し、住民の評価も得ました。売れる商品としての次の段階は、価格設定になります。これが、いくらであれば、買ってくれるのか、この消臭剤の有効性をわからせながら、聞き取り調査をしています。

普通の商売のやり方では、バイオトイレを製作して、売って終わりです。比較対象の事例が違うかもしれませんが、国際的なボランティア活動の一環として、カンボジアに学校を造ろうと投げかけ、賛同を得て、実際に現地に建設する。しかし、国際的な役割分担の規制により、インフラに関わる部分は、援助できないので、便所は造れず、現実的には、立派な学校が出来上がっても、悪臭が漂い、劣悪な環境に置かれています。

「学校に行っても本がない、先生がいない、電気が来ない、水道がない」から、うまく動いていない、こんな歪んだ援助の実態・光と影の問題があります。本当に必要とされる援助とは何か、現地の実情と整合性取れている援助とは何かなど、日本からは、理解不能な現地だからこその問題を読み解き、実情に適合した援助のスタイルを模索・実行しなくてはならないと思います。

まさに、商売上の事前のマーケティング調査が必要不可欠です。アフリカでのバイオトイレの製作は、エチオピアで行うことを考えています。多分、真似されると思うので、曝気システムや杉チップの心臓部だけは、日本から輸出します。佐藤氏は、アフリカ国内のあちらこちらを回って、マーケティング調査やフィージビリティー調査をやって、買ってくれる台数を積み上げています。

国内に入ると関税がかかり、値段が2～3倍に跳ね上がるので、公益性を認可していただき、安価で入れるように調整します。今までの佐藤氏の多彩な人脈を駆使して、機械や資材が安価で輸出できるように努力していただいております。

まあ、佐藤氏の場合は、この商売への取り組み動機が、「本当に商売で稼ぎたいのか、社会貢献活動をしようとしているのか、個人的な思いの実現のために努力なさっているのか」話しの勢いがよく、情熱的なので、真意がよくわからなくなる時があります。

ＮＰＯ・ＮＧＯが、食の問題や保険医療の問題、環境の問題、援助の問題など、何をやるのも結構ですが、人道支援活動をしながら、商売を展開するなど、企業活動による利益の循環の完成形をあわせ進めるマインドが求められていると感じました。

要するに、双方の活動を通して、いくら利益を残せるのか、公益活動に還元できるかの視点で、ＮＰＯの活動を考えるようにしなければいけません。今の日本の多くのＮＰＯの活動実態では、将来的に限界が来ると確信しており、事業の種類としても収益事業を立て、事業の位置づけを明確化して、税務署に事業者としての申告を行い、法人税や消費税など、義務的な税金は的確に支払う、払うものは払うしかないです。この行為が、面倒くさかったら、別途、組織外に会社を設立することです。

これからのＮＰＯは、組織的な役割や目指すものを中途半端にしないで、どんどん先鋭化して、企業化していただきたいと思います。今後とも、少子高齢化が進行する劣化の国・日本社会において、ＮＰＯの役割は欠かせません。大いに公益的な活動を継続的に展開するとともに、他方、収益事業を興し、おおいに稼ぎ、税金を払い、成長していくことが大切です。

その組織形態・体制の中で、そこに働く職員が、双方で働き、給与は、収益事業の利益で充当できるような資金循環のシステムを、新たに構築したいと考えています。まさに、佐藤氏のアフリカでのバイオトイレへの取り組み、かつまた、グラウンドワーク三島のアフリカでのバイオトイレの販路の拡大、このスタイルへの挑戦が始まったといえます。

第3章　グラウンドワーク三島の挑戦

グラウンドワーク三島の将来

（1）会社を作り社会的企業に

　それでは、グランドワーク三島は、今後、組織をどのような方向に誘導していくのでしょうか。実は、すでに、7年前から、「コミュニティ・ビジネス」に取り組んでいます。現在、1万㎡の耕作放棄地を借地して、約450キロの「三島そば」を生産し、今年は、20万円位を販売しました。市内の蕎麦屋さんや料亭、各会員さんに販売しています。しかし、現実的な収支は、それなりのお金が出ていますので、プラスマイナスゼロで、まだ、儲けているとは言えません。

　私なりの解釈と戦略的な判断ですが、何で、こんなことに取り組んでかというと、佐藤氏ではありませんが、NPOビジネスのトレーニングをしているわけです。「農産物を生産し、資材や機材、肥料が手間を含め、どの程度かるかのか、植え付けから収穫までの作業時間がどのくらいかかるのか、労務・歩掛りとして何人くらいの人が必要となるのか、原価計算的に収支はどうなるのか」などについて調査して、記録簿に記載しています。

それから農業暦、何時種を播き、耕運し、草を取り、肥料をまくという作業暦も作成します。そして、今度は、加工して商品化する、いわゆる付加価値を付けて商品として売っていくには、どのように乾燥し、製粉し、製品化するのか。匂いをつけるというと変ですが、乾燥度によって、色合いも匂いも、変わります。私は、初めて知りましたが、糖分や甘み、まろ味、舌触りなども変わります。そういう加工技術も、勉強して、商品の付加価値を上げていくわけです。その工夫と努力があってこそ、高く売れるわけです。

また、マーケティング調査を実施して、非常にうまくいき、大阪のうどん屋さんから、大量の注文を取りました。この注文が、ソバ粉で2トン分、必要となる農地面積は35ヘクタル、売り上げが、数千万円近くになります。現段階では、こんなにも大量の注文に対応することはできません。しかし、生産とともに、販売ルートの開拓に、多様な人脈を駆使すれば、農産物を生産して、売り先に苦労しないで済みます。

生産と販売の一貫性を創設することができれば、NPOビジネスは、間違いなく儲かります。商売を営むためのセンスとマネジメント力、ビジネス力が、今後、ますます、NPOのリーダーに必要とされます。商売上手が、NPOに参画してきていただけると、NPOは、小さな産業化が進展して、成長・拡大すると思います。

今後、グラウンドワーク三島は、若い人を4名ほど雇用し、農事法人を創設したいと考えています。先ほど、佐藤氏の社会的企業の事例で説明しましたが、私は自分でやってみないと気が済まないので、グランドワーク三島も民間企業と連携したバイオトイレの会社を創設します。バイオトイレは、これまですべて、私個人のボランティア活動として、グランドワーク三島の中で対応してきました。一部、海外への輸送費も負担し、助成金や補助金、寄付金などを獲得し、組織としても対応してきました。

私が大学を退職した後は、できたら私が社長になり、株式会社を創設したいと考えています。その会社を社会的企業化し、杉チップの間伐・搬出・生産による里山の保全促進やアフリカでのし尿処理事業の展開による生活環境の改善などに取り組み、利益を確保するとともに、その利益により、元気な若者を雇用し、海外での起業化のためのファンドの立ち上げなどに活用していきたいと計画しています。

(2) 三島街中カフェでのNPOビジネスへの挑戦

売り先はある程度、確保されました。後は、良質な農産物を生産すれば、間違いなく、利益を生み出すことができます。この「経済循環のシステム」形成の完成形により、本年、三島街中カフェの新店舗をオープンし、野菜の店頭・宅配販売にも力を入れていくことにしました。今後、借地する農地も、御薗地区にも確保し、箱根西麓を含めると、2.5㌶になります。耕耘関係の機械もリースし、機械の倉庫や農産物の貯蔵、宿泊施設などの場所として、牛小屋を改修した農村カフェも整備しました。

　この三島街中カフェは、基本的には、年中無休になっています。9時から5時まで開店していますが、野菜の店頭・宅配販売や駄菓子販売、喫茶、ギャラリーなどで、現在、1日、4万円から5万円の売り上げがあります。もともと、長く空き店舗で廃屋化していたお店ですが、手作りの改修整備により、見事にカフェとして蘇りました。

　三島市からの空き店舗対策事業の補助金も受け、グラウンドワーク三島の参加団体である「遊水匠の会」のメンバーの大工技術を活用して、一階は、お店と調理室、二階は、会議室とギャラリー、喫茶店、高齢者の心のケアを行う相談室・洗心亭に整備されました。

　都市の中心街には、八百屋さんや魚屋さん、お総菜屋さんが、ほとんどありません。

　高齢者は買い物ができず、困っています。新鮮な野菜も持ち運びが重くて買いにいけません。高齢者や子どもたちが、気軽に立ち寄れるお店の評価が口コミで広がり、今では、野菜の売れ行きは、好調です。職員がつくる手作りのお総菜も、おふくろの味が評判となり、一時間ほどで売り切れてしまいます。お店で働いてくれている人たちは、グラウンドワーク三島の応援団であり、各人の経験と得意技を生かした創意工夫を駆使して、生き生きと活動してくれています。

さらに、最近、障害のある子どもさんを持ったお母さんたちから、子どもと一緒になって、お総菜屋さんを出店したいという相談が来ましたので、うまい形でご支援させてもらえればと知恵を絞っています。また、三島の広小路駅の近くのお総菜屋さんにも、多くの野菜を納入させていただいております。多様な団体と、この三島街中カフェが交流拠点・起点となって、商売をすることでお互い同士が、連携し、少しでも、儲けが出るという、今までのNPOでは、考えられない、商売連携・ビジネス仲間が、新たに構築されています。

（3）グラウンドワーク三島の将来イメージ

よく勘違いされるのは、NPOはお金を稼ぎ、儲けてはいけないということです。会費や寄付金を集めることは、いわゆる、「稼ぐ」ということになります。NPOはおおいに、稼いでも問題はありません。稼げないNPOは、10年以内に資金確保に課題を抱え、倒産・休止しますと言うと怒られますかね。イギリスやアメリカ的な解釈では、儲けられないNPO

のリーダーがいたとしたら、経営能力が足りないと、批判されると思います。ですから、持続的活動と活動資金の確保のために、懸命に、稼ぐことに努力してください。

もっと踏み込んで、ＮＰＯビジネスを考えてみます。ＮＰＯが別途、会社を創業するイメージで言いますと、グランドワーク三島としては、来年、株式会社と農業法人を創業しようと検討しています。結果的には、ＮＰＯ法人グラウンドワーク三島、株式会社グラウンドワーク三島、農事法人グラウンドワーク三島という組織構成になります。そして、任意団体のグラウンドワーク三島も、あわせ、設立しようかとも考えています。任意団体、ＮＰＯ法人、会社、農事法人、どうでしょうか。全体としての関わり方が理解できますか。

会社で儲けた利益を、ＮＰＯに還元します。できたら、職員は、会社の方で雇用します。次に、ＮＰＯの職員としての「兼務辞令」を出します。このことで、会社が儲けた利益を、公益的な社会活動を旨とするＮＰＯの活動に向け、逆に、人件費や社会保障費、雑費などについては、会社負担とします。

また、収益性の高い事業は、会社で対応し、利益性の低い事業はＮＰＯで対応すればいいのです。職員は、会社負担で雇用しているので、ちゃんとした給料を払えます。あわせ、ＮＰＯの仕事も併用してできます。うまく会社が儲かれば、安定的に給料をもらうことができるわけですから、この仕組みの併用が、NPOが発展していくためには、最前の方法ではないかと考えています。

今まで、グラウンドワーク三島には、民間会社から2人職員を派遣してもらっていました。その職員は、NPOの研修を兼ねた出向職員です。出向で来ていただいているので、本法人としては、給料は払っていません。ですから、その民間会社が、どんどん儲かれば、NPOに優秀な職員が派遣され、ますます活性化して、多様な事業への取り組みも可能となり、社会的な信用度も上がり、自然保全運動や福祉サービスなど、複合的な経営が安定的にできるようになります。

まさに、これらの活動を支えているのが、会社の「儲けの力」です。会社は社会的企業としての役割・責務を果たすべく、そこでの利益を、公益的な事業に、例えば、人件費負担として再投資しているわけです。そういう意味合いでは、この経済循環のシステムは、何の違和感と不整合もありません。

例えば、NPOの事務所を会社の営業所として位置付け、そこの家賃や固定費を会社が応分の負担をする。あるいは、営業所の管理運営を、NPOに委託するなど、相互の共存共栄の仕組みは、いろいろな面白い関わり方が工夫できるのではないでしょうか。

グラウンドワーク三島は、平成24年9月において、設立20周年の記念すべき節目の年を迎えます。本年度の総会において定款変更を行い、事業の種目として、特定非営利活動に係る事業（公益事業）とその他の事業（収益事業）に整理・分類することにしました。

特に、収益事業については、三島街中カフェを中心としての販売事業や耕作放棄地を活用した農業事業、バイオトイレの販売拡大など、儲かる事業への取り組みに挑戦していく計画です。できたら、年間一千万円以上の売り上げと３００万円以上の利益の確保を目指したいと考えています。

成功すれば、この部門を株式会社として分離・独立させ、あわせ、農業部門については、農業法人を創業する予定です。とにかく、稼ぐ、儲ける、ＮＰＯを目指して、ＮＰＯのマネジメント力とビジネス力の研鑽を蓄積していきます。

トピックス

イギリスのＮＰＯ・社会的企業家～トップリーダーに聞く！

イギリスの社会的企業家の第一人者、ゴードン・ダシルバ氏との対談

渡辺：今、日本においても、社会的企業の存在と役割が注目され始めています。「一体、企業と何が違うのか、新たな役割とは何なのか、営利事業と非営利事業とのバランスはどうなっているのか」など、多くの疑問があります。そこで、先ず始めに、ゴードンさんが、イギリスにおいて、社会的企業「トレーニング・フォー・ライフ」を立ち上げた理由について、お聞かせください。

ゴードン：'80年代の初め、私は大学で社会的正義をテーマに持続可能なチャリティモデルについて博士論文を書こうとしていました。当時は、まだ多くのチャリティ団体自体が政府や一部の篤志家に依存しており、持続可能なものとはいえませんでした。そこで、アカデミックな方面から、持続可能なチャリティの形態を考えてみました。

当時、チャリティセクターには、３つのパターンがありました。まず一つ目は、ＮＧＯな

どの大きな組織。当時一番わかりやすく寄付を集められるのはこうした組織でした。二つ目は、地域住民による地域団体やボランティア団体。これは自分を犠牲にして消耗させるまで働くパターンに陥りがちな形です。三つ目は、カリスマ的なリーダーによる団体。政府がその提案力に興味を示し、投資してみるものの相手にビジネススキルがないために失敗することが多い形です。それぞれが、今の「社会的企業」に行き着く前のベースになる特徴を形成していた時代です。

私はこうした団体に興味を持ち、博士号を諦めたわけではありませんが、実践を経験したいと思うようになり、5年ほど子供のチャリティ団体で働き、その後、都市再生を経験して、不動産業の会社を興しました。ところが、'92年に入って不況に巻き込まれ事業に失敗、倒産を経験して一時はホームレスに近い状態になりました。

学問の道に戻るか、チャリティ団体に戻るか、或いは企業社会に戻るか。悩んだ結果、どの要素も含んだ「社会的企業」を立ち上げることを決意し、'95年に「トレーニング・フォー・ライフ」を設立しました。これは、学問的にやっていたことを実践に移し

2012年1月 著者（右）とゴードン・ダシルバ（左）

てビジネスとして立ち上げようという試みで、非常にシンプルなビジネスプランを作りました。

事業内容は「社会でもっとも困っている人たちに、トップクラスの教育をする」たったのこれだけです。事業を実現させる具体的な手法は、古い教会や学校などの建物をトレーニング・フォー・ライフの学校に改装、再生し、建物に社会的企業を入居させて家賃収入を得ながら学校の運営費を賄います。一方で人材のトレーニングのための資金は、政府とのパートナーシップのなかから獲得していきます。全体でいうと、80%が自立したビジネスで稼いだもので、残り20%が公的資金ということになります。

トレーニング・フォー・ライフでビジネスの指標にしたのは、以下の5つの事柄です。①古い建物の再利用・再開発②建物の運営が独立していること③トレーニングできる場があること④インターン（徒弟）制度を設け、実践的な学ぶ場をつくる⑤利益を地域に還元すること。成果として150の雇用の場を創出、17000人の若者、主に長期失業者、ホームレス、片親家庭の子供の就職・就学を支援、500くらいのインターン制度を実現、再生された建物は500万ポンドの資産価値を生み出しました。

さらに目に見えない成果としては、例えばトレーニング・フォー・ライフのやり方を真似て、さまざまなレストランビジネスなどがあちこちで立ち上がり、街の活性化をもたらしています。私はアイデアを拡げて社会が変わるなら、それでよいと考えていますし、むしろ皆が面白がってくれたなら、誇りに思っています。

トレーニング・フォー・ライフが軌道に乗った後、この3年間、私はさらなるスケールアップをどう図るべきか考えてきました。レストランビジネスのフランチャイズも考えましたが、それは私たちの社会的企業にはそぐわないと考え、「スマート・アーバニズム」という新しい企業を立ち上げました。

渡辺：お話の中で、フランチャイズが社会的企業に向かないというのはどういう理由からでしょうか？

ゴードン：将来的にはフランチャイズのような形もあるかもしれませんが、今は成功しないと思います。例えば、ファーストフードのフランチャイズ店では、守るべきマニュアルがあり、利益を出すことを最優先にすればよいのです。ところが社会的企業においては、利益だけではなく、環境や社会的価値を見出すことが重要になります。この3つのポイントを満たすべきだと考える起業家が、まだまだ少ないために、フランチャイズビジネスは育たないだろうと思います。むしろ、ライセンスビジネスという展開ならあるのかもしれません。
また、今世界中ではさまざまな問題が存在し、危機が起こっています。こうした時代に生き残るこれからの企業というのは、「利益」と同時に「社会的価値」を追求する企業でなければなりません。それ以外の企業は、世の中から消えていくと思います。もちろん、まだこのことを理解できている人は多くはいません。だから今がいい機会なのです。政府や企業が本当に変わるためには、ビジネスモデルが必要であり、それを自分たちのものにしたときに、ようやく納得ができるのです。そのための概念を我々がきちんと確立して、ビジネスモデルを作って見せることができれば、必ず成功すると信じています。

渡辺：現在イギリスでは5万5千社の社会的企業があり、80万人の人が雇用されていると聞いています。この急成長ぶりからして、イギリスではすでに社会的企業に対する評価が高く、必要性が認められているのではないかと思いますが、そのあたりはいかがですか？

ゴードン：「社会的企業」は、やはりチャリティ団体や非営利団体といったセクターで使われる概念だと認識しています。しかし、これからは、ビジネスの本流に「社会的企業」の概念を培っていかなければなりません。そのためには、経済界、大学などの分野に理解を得ること、また彼らにも変わってもらう必要があると感じています。

今、イギリスには5万5千くらいの小規模の社会的企業がありますが、彼らの多くは、政府の下請け事業をやり、政府の資金や契約に頼らざるをえない状況です。トレーニング・フォー・ライフですらそうでした。もっとスケールアップし、ビジネスとして確立していくことが、持続可能な企業活動を生むと思います。そしてそれこそがチャレンジであり、チャンスでもあるのです。

渡辺：社会的企業は利益の何パーセントかを社会に還元しなければなりませんよね。そういうところに投資をする株主さんは、こうした社会的企業にどんな価値を見いだしているのでしょうか？配当は当然下がるわけですし。また、リスクも大きいと思うのですがいかがでしょうか。

ゴードン：社会的企業は、イギリスにおいて、着実に増えています。みなさんには、文化が変わろうとしていることを理解していただかなくてはなりません。しかし、スケールアップが成功しないと「ああ、そんな話もあったね」という昔話で終わってしまいます。今、社会は大きく変わりつつあります。そこで、メディアや大学の人間、あるいは先端的な活動をしている人間が先にたって太鼓を叩きながら進むことが大切です。

今、多くの企業がチャレンジすべきことのひとつには、利益を生み出すだけでなく、いかにしてエシカル（環境や社会に配慮する）な製品を作り出すかです。これは、ビジネスと社会的価値が一体になった商品やサービスを指しています。こうしたことを正当化する理由は簡単です。世界では、5億の人が貧困層に属しています。そして、これらの貧しく、失業している16歳から65歳までの人たちを養うために、年間12億ドルもの税金が使われているのです。しかし、彼らをトレーニングし、学んでもらい、経済の主力に変えていければ、このコストは削減できます。そう捉えれば、これはチャリティではなく、ビジネスとなり得る仕組みです。

これについては、様々な意見があると思います。しかし、この5年間でイギリスは相当変わりました。消費者は変化し、より社会や環境に配慮した製品やサービスを求める傾向が強くなっています。企業もそれに伴い、単にいいものを作るだけではなく、よりエシカル（環境や社会に配慮した）な製品を作るにはどうしたらいいかを考えるようになってきました。こうした変化がもっと進めば、大きな変化が社会全体に起き、文化が変わるでしょう。そうなって初めて私達もスケールアップができるのです。まだまだ、成長可能な分野になっていくと感じています。

大手企業のリーダーたちはみな、チャリティに使うお金とその効果を考えています。例えば、バークレイ銀行は毎年60億ポンドをチャリティに使っていますが、その効果は、どこにあるのかと考え始めています。ただお金を出しても社会的な評価はもう得られない。そうであれば、その60億ポンドを使って企業は二つのことができます。他の社会的企業と社会貢献ビジネスをやる、あるいは貧しい人がアクセスしやすい商品を作るといったことです。政府が、もしこのモデルをやりたがったとしても、経験も知識も資金も彼らにはありません。私たちは、社会的価値の創造と利益追求を両立させ政府から独立し、もっと個々の立場から手を上げて人と繋がって「We can do together」といえるようになるべきです。

また、これまである意味で沈黙してきた、大学などの教育機関は、こうした実社会の動き、世の中を変えていこうという動きに対して、社会的役割を果たしてこなかったわけですが、今後は、彼らの動きがより重要になってくるでしょう。

渡辺：政府の話が出ましたが、これだけ社会的なインパクトを与えつつある中で、政府の社会的企業に対する支援の体制というのはどういったものがあるのでしょうか。税制の優遇や、資金的な担保、日本流にいうと保証、利子の補給などといったこと、そういった具体的なものはなにかあるのでしょうか？

ゴードン：今のイギリス政府は「Big Society（大きな社会）」という考え方を掲げています。そうした中、社会的企業などを支援する策としてやっていることのひとつは、4000億ポンドのファンドを作って融資を行うことです。しかし、今でさえうまくいっていないチャリティ団体に融資しても成功するのか、その評価を政府ができているのかが疑問です。一方で、行政の入札に参加してもそこでの評価は価格ということになり、結局一番安いところが勝つという結果になっています。

つまり、政府の政策については、まだ理論と実践の間に大きなギャップがあると思うのです。むろんこれからの社会文化を創造していくために政策は重要です。しかし、企業や市民サイドが、その政策の根本にあるものを理解していなければうまくいかないのです。政府は、すでにうまくいっている団体、例えば、ギフティのようなギフトサービスの仕組みを持っているところと組みたがるが、それだけではいけません。

これからの社会では、政府がリーダーシップを握るということはなくなっていくと思います。教育、市民社会、企業、この三者が一体となって新しい社会を作っていくのだと思います。そのときの政府の役割は、新しい価値観を支援できるようにしっかりとした政策のフレームワークを作ること、そして、大学はそのフレームワークのなかで活動できる、リーダーを育成すること、企業は利潤追求だけでなく、その製品のなかに、社会的価値を組み込んだものづくりをすること。それぞれが役割を担うことで新しい社会が育っていくと思っています。

渡辺：人材育成についてですが、これからの社会的企業に必要な人材を育成するため、大学との連携などなにか考えていらっしゃることはありますか？

ゴードン：まず、その前に、イギリスの教育について少しお話しましょう。人々は銀行家を批判し「悪いやつらだ」と言いますが、彼らを教育してきたのは、大学やビジネススクールです。大学やビジネススクールは何を教えてきたのか、あるいは何を教えなかったのか。その辺を分析していくことが大事です。

また、将来のリーダーを育成することを考えたとき、社会的責任と企業的関心を両方持っている人を育てるために、教育機関が何をするのか、どういうチャレンジがあるのかを考えなければなりません。

今、イギリスの大学に行って「さあ、社会的責任や社会貢献についてどう教えていますか?」と聞いたら「我々はそういう講義を行っていますし、単位もあります」というでしょう。しかし、学生は現実的な理解、実践的な理解ができていません。大学は、セオリーを教えますが、実践は教えられないのです。そこを、今しっかりやらなければ将来的に大きな問題が生じてくるでしょう。

社会的責任、社会や環境への配慮などを統合した課程をどう作っていくのか、これが我々のチャレンジでもあります。口先だけなら誰もが「よしわかった、ぜひやろう」といいますが現実を知らない人が実践していくのは難しい。学問の世界は狭い領域にいることを好み、沈黙のなかでものごとを進め、自分の専門に固執するような人たちの集まりです。学者のD

NAは容易には変わらない。けれども、そこに手をいれていかなければ社会は変わらないのです。それが、スマートアーバニズムの設立に繋がりました。

渡辺：今回、設立なさる会社は、具体的にはどんなことをやっていくのですか。

ゴードン：大学、地域再生団体、企業など、それぞれの分野が今はサイロ型で孤立しています。政府はそれぞれ単独に支援しては失敗しています。それぞれの向かう方向や目的は、さして違わない〜柔軟性のある才能豊かな市民社会の実現〜なのに、なぜ真の意味でのパートナーシップを築けないのか。この課題が、挑戦のターゲットですね。これから、スマートアーバニズムでやっていくことは、トレーニング・フォー・ライフで培ってきたことをベースに場所と空間を確保して、持続可能でエシカルなビジネスモデルを展開していくというものです。

市民、企業、社会投資家、それぞれ同じ志を持った個々のセクターをつないで、コラボレートさせていきます。これをDoing（実務・企業）Learning（大学・研究・イノベーター）Influencing（コミュニケーション・広報）という3つの概念で実行に移していきます。

この3つの概念について説明しましょう。
スマートアーバニズムは、アーバンデザイナーで起業家でもあるケルダン・キャンベルと共同で設立しました。まず「Doing-Platform」では、10のアクションリサーチプロジェクトと地域開発に着手しています。地域はロンドン各地~高層団地がある貧困地域テムズミル、アジア系の移民などが多いサウスロンドンなども対象になっています。おおよそ5万人程度の人々が住む地域がプロジェクトの場に選ばれました。

ここで行うことは、たくさんの「小さなこと」の積み重ねです。地域に入って行って、そこに住むひとつのレストランで1人しか人を雇えなくても、地区にある6000のレストランが1人ずつ見習いを雇ってくれれば6000人の雇用がそこに生まれるわけです。小さなことの集合体で大きな社会的インパクトを生む。これが我々の考えている方法です。

例えば、インド人のコミュニティがある地域では家族のほかに祖父母がガレージの裏に住んでいるなど、大家族で一緒に暮らすような、コミュニティを作っていたりします。そうした地域の特徴を活かして、その地域の銀行、企業、もちろん社会的企業も「まちづくり」を進めればよいのではないでしょうか。

そして次が「Learning-Platform」です。ここでは新しい人材教育の仕組みを提供します。ロンドン大学、ウエストミンスター大学、UCL、バークレイ大学、カストン大学、オックスフォード大学など6つの大学、ビジネススクールと提携して、アクションリサーチの手法を用いた実践的な学習モデルを作っています。大学の専門性を持ったさまざまな分野の専門家の卵が交流しながら、少人数のセミナー、OJT、講義などを通してこれまでにない学びの場を提供します。

今手がけている10のプロジェクトを通じてスマートアーバニズムが提供できるのは、アクションリサーチのノウハウと「Learning-Platform」で学んでいるような学生の派遣などで、実行するのは地域に住む市民、自治体、社会的企業などです。この事業モデルをフランチャイズ化しないのは、私が支配者になるわけではなく、私たちの提供するプログラムを使って、各地域が個々に事業を進めていくためでもあるのです。

渡辺：おっしゃっていることはよくわかりますが、現実的に、利益はどこで出てきますか？

ゴードン：まず投資家、銀行などの民間企業からの資金提供を受けます。また、事業自体での収入ですが、ドゥーイングプラットフォームでは企業に対するコンサルティング、そして自治体の事業費などを収入とします。また、大学からは、ラーニングプラットフォームに学生を受け入れる費用を、そして学生からはアクションリサーチプログラムの受講費用をいただきます。

さらに、奨学金制度や基金などを設立して資金を確保します。とはいえ、大学に関してはまだこれからモデルケースを作っていく段階にあり、今年9月には、パイロット版で25人の学生を受け入れてみようと考えています。

渡辺：将来的には学生はどこまで増やせると考えていますか？また、グラウンドワーク三島もＮＰＯ・社会的企業大学院大学を目指していますが、連携は可能でしょうか？

ゴードン：ひとつモデルケースが完成すれば、いくらでも増やせると思います。できあがったユニットを組み込めばいいのですから。私たちの目標は、大学の教育を通じて地域を変えていくことです。

グラウンドワーク三島との地域連携にも興味があります。これからの時代は「個」ではなくて、「協力」だと考えています。その意味からも、パートナーシップを組んで拡げていくことは大事でしょう。

渡辺：最後になりますが、スマートアーバニズムの弱みはなんでしょうか？

ゴードン：弱みですか？もちろんありますよ。例えば、私たちは今、アラブの春に代表されるような「ニューノーマル＝新しい常識」の中に生きています。人々はツイッターやフェイスブックといった新しいツールを持ち、個々の人々が「ＮＯ」を言える時代になりました。

昨年夏のロンドンの暴動は、貧困層の人々から発生しました。彼らが暴動で盗んだものは、ほとんどが食べ物やベビー服などの生活必需品です。企業が本当に社会的価値と利益のバランスを理解し、持続可能な社会実現のためにビジネスを行わなければ、いずれ自分達自身も傷つけられ、社会を滅ぼしてしまうでしょう。

これからは「インターディペンデンシー＝相互に支え合う社会」を作っていかなければなりません。大学の先生自身が「今すぐ変わる」ことが無理でも、他の誰かのために「協力」してもらうことはできるのではないかと私は考えているのです。ツールを作り、進むべきステップを用意し、自分にできることを増やす。個人が段階的にスケールアップし、それぞれをつないでいく事が、やがて大きな変革をもたらすのです。

ゴードン・ダシルバ氏プロフィール
（スマート・アーバニズム代表取締役　前トレーニング・フォー・ライフ代表）

イギリスを代表する社会的企業家。会社経営後、子どもチャリティであるセラピーセンターを運営。1995年にトレーニング・フォー・ライフ設立。チャリティ大賞、社会的企業家大賞受賞。2011年、スマート・アーバニズム設立。企業家育成のための学習プラットフォームの開発をしながら大学との連携、次世代の企業家育成に力をいれている。

グラウンドワークUK常任理事、トニー・ホークヘッド氏との対談

渡辺：現在、日本では、東日本大震災でのNPO・ボランティアの活躍により、NPOなどによる公益的な市民活動が、今まで以上に、社会的に評価され始めています。日本においては、現時点でNPO法人が、約4万5000団体、存在し、多様な分野において活動しています。しかし、その実態をみてみると、予算規模で500万円以下の団体が、全体の43％、正式に職員を雇用している団体が、そのうちの13％、しかも、彼らの年収は120万円未満といわれています。震災後は、さらにNPOの役割が増大しており、破壊された地域コミュニティの再生という意味においては、グラウンドワークの役割は大きいと感じています。このような日本のNPOの厳しい現状、「社会的評価は高いが組織基盤は脆弱」の状況を変えていくには、どのような方策があるのか。サッチャー、ブレア、キャメロンと、三つの政権を乗り越えてきたグラウンドワークUKのこれまでの経過と効果、そして、今後の戦略をお話していただきたいと思います。そして、震災後の日本のNPOの新たな役割と発展していくための羅針盤・方向性を示唆するメッセージも、お願いできればと思います。

最初に、どのようにして、グラウンドワークUKが発展してきたかについて、お話しいた

だければと思います。

トニー：'81年12月にイギリスでのグラウンドワークが始まりました。その頃は、リバプールのトクセスで起きた暴動をきっかけとして、ポストインダストリー、産業社会以後の社会変革に向けての関心が高まっていた時期でした。このままでは、地方都市の生活環境が、どんどん悪化するという社会不安が蔓延していました。当時、私たちが学んだことは、政府、そして環境大臣など政治家との強力なサポート体制を整備・強化することでした。そして、そのときに、新たなアイデアとして、企業と行政との「マッチングファンド」の仕組み・考え方も生まれました。それまでは、公共的な事業は、何でも、国の資金で事業を実施するものであるとの発想でしたが、初めて民間企業の資金を社会的な投資に活用するという考え方が出てきたのです。この「マッチングファンド」は、国が50％出すなら、企業も50％出すという形で定着していきました。政府からの資金はある意味でマグネットになって、企業などの資金を引き出す役割を果たしてきたのです。国の資金が出なく

2012年1月 著者（左）とトニー・ホークヘッド氏（右）

なると、企業に対しての吸引力もなくなってしまうという考え方で、これまで政府に対して説得を行ってきました。ですので、グラウンドワーク三島においても同様で、国からできるだけ長い期間にわたり、資金を引き出していかなくてはなりません。それが、成功のひとつの鍵だと思います。

そして、なぜグラウンドワークUKが政権交代に際しても生き残れたかです。これはこれまでの活動を通じて、高いレベルの政治的サポートを得られたこと、資金の調達ができたこと、この二つに尽きます。ではなぜ政府は長期間にわたって、私たちを支援してくれているのか。一つ目は、デリバリー能力です。言ったことを実践して、成果を出すこと。二つ目は、常に地域の問題に対応して、その解決が地域でなされていること。三つ目は、その時の政府が抱えている問題についての解決策を見つけ出すこと。初期の頃は、ランドスケープ、それから、若者問題、失業問題と、時代の要請によって変化し続ける問題に対し、随時、的確な解決策を提案することによって、政府にとっても必要な団体でありえたのです。

さらに、後二つ大事なことがあります。一つは、渡辺さんに通ずるところがあると思いますが、情熱です。情熱があり信念を持ったリーダーが、人を動かします。もう一つは、常に政府と共にやってきたこと。反発し、批判するのではなくて、批評的な友人であるべきです。

もちろん激しい議論や、反対意見を述べることもありますが、それは閉めた扉の向こう側でやり、表に立っては、政府を非難しないことが大切です。

また、渡辺さんのいう「持続性」についてもう少し述べます。常に社会的なニーズや経済的なニーズに関連していることが必要です。そして、そうあるために、私たちは柔軟な対応力を持ち、それまでの手法や事業の内容、実証データのとり方などを積極的に変えてきました。誰かのやり方を模倣するのではなく、グラウンドワークの手法を新しく生み出してきたことも成功の要因だと思います。

最近の活動のなかで一例をご紹介しましょう。「グリーンライド」です。これは、社会的企業を集合的に使うという考え方です。今、中央政府も自治体も私たちも、新たな公共サービスの方法を変えるべき時に来ています。補助金が3割カットされる状況にあるなか、例えば、公園の管理など自治体で行うよりもより安く、よい条件でやってくれる団体を探していますから、そうした隙間を狙っていく。さらに、「グリーンディール」についても、断熱材を作るといった事業やグリーンドクターの育成など、事業のテーマになるものは、この事業範囲だけでも15~20はあると考えられます。若い低所得者層の人材教育を行い、社会的企業を立ち上げていけばいいのです。

ここで大事なことは、グラウンドワークは未経験のことをやるのではなく、すでに評価を得ている実績を足掛かりとして、新しい事業を掘り起こしていくということです。今回の震災後のグラウンドワーク三島のケースをみても、若い人たちのネットワークや地域のつながりがあるから、迅速に支援活動に取り組めたのではないですか？私たちも同様で、今までの実績と評価があれば、新しいこともすぐにスタートできます。

次に、グラウンドワークUKは、どのようにして、パートナーシップを形成してきたかです。その前に、失敗例を一つお話ししておきましょう。グラウンドワークバーミンガムは、10年間続いてきましたが、倒産に追い込まれました。素晴らしいプロジェクトの実績を持っているところでしたが、それでも無理だったのです。失敗の要因は、デリバリーが弱かったこと、そして、理事会が組織の経営がうまくいっていないことに気づくのが遅かったこと。さらに、うまくいかなくなってからも地元のパートナーとの信頼関係がなかったために支援も得られませんでした。

こうしたことから学んだことは、「地域に近い存在として自らの活動を常にアピールすること、企業・市民・議員などすべての人から信頼感を得なくてはならないということ、とにかくたくさんコミュニケーションをとりいい団体であることを認めてもらうこと」が大事です。それから、いかに、厳しいことを言える理事会であるのかどうかも大切です。スタッフに対しても説明責任をクリアにして、厳しい質問を投げかけることが大事です。最後は、システム。組織がやっていることのモニタリングや評価、支払いなどのシステムが、きちんと稼働しているのか、こういったことが、しっかりできていないと、いくら事業自体が素晴らしくても、ビジネスとしては長続きしません。

最後に、システムとデリバリーとの関係です。日本はどうしてもシステムが先にあり、成果がシステムに左右されているように見えます。これは本来逆であり、成果を出すためにシステムが使われるべきなのです。グラウンドワークＵＫが、政府の信頼を得てこられたのは、結局のところ問題に対する解決策を提示できていたからです。グラウンドワーク三島も、そのところを間違えないようにしなければなりません。あくまでも解決策を提示できれば政治家というのはついてくるものです。

渡辺：素晴らしい示唆をいただきました。グラウンドワーク三島の理念や戦略と共有し、納得するお話も沢山ありました。また、私たちとしても、活動や組織の運営方法として、反省し、改善していかなくてはならない要因も学ぶことができました。ありがとうございました。それでは次に、グラウンドワークＵＫの今後の展望についてお聞かせください。

トニー：4年ほど前になりますが、グラウンドワーク関係のすべてのシニア層が集まって、10年後について話し合ったことがあります。そのときに、「オーシテリティ」という言葉が出たのですが、公共の予算も減り、経済的にも不況の時代になる、全体的に貧しい時代になるだろうという予想をしました。実際には、当時の予想より、さらに悪い状況にあると考えています。グラウンドワークＵＫでは、そういう10年間に向けての準備をしてきました。幹部クラスの人間を減らして、その分を現場のスタッフに資金が回るようにしてきましたし、グラウンドワークＵＫのスタッフも当時１４０人くらいいたのを今は45人程度、3分の1程度にまで減らしています。そういう形で厳しい時代に向けて準備をしてきたわけです。

これからの5年間は、４つの分野のスペシャリストになろうと考えています。1番目はグリーンスペース。2番目は失業対策。若者のスキルの習得などもこの中に入ってきます。3番目はグリーン・エンタープライズ。温暖化や省エネ対策をテーマにした事業、グリーンドクターの育成などをやっていきます。４番目が若者の育成。収入の構成も、公的資金だけでなく民間企業や宝くじを使った収益モデルに変えていく必要があると考えています。

渡辺：政府が「大きな社会」という風呂敷を広げ、社会的企業などの活躍を期待するという風潮の中で、グラウンドワークＵＫのこれまでの実績を考えると、政府がここでグラウンドワークＵＫから離れ、資金提供を行わないとする理由がよくわかりません。

トニー：イギリスの政治の世界ではよくあることです。政権交代によって、前の政権でやってきたことを否定するという風潮があるのです。しかし、グラウンドワークは保守党の時代に生まれたものでもあるし、現首相との間に信頼関係もありますので、他の団体に比べれば多少は優遇されているし、資金も3年後までは確保できています。新政権はいつでも新しいことをやりたがります。実際にはさほど新しいものではなくても、カラーを出したいという考えを持っています。

渡辺：3代の政権を生き残ってこれた秘訣とは何ですか？

トニー：時代のニーズに合わせたこと。政府というのは常に新しい言葉を話したがる。その言葉を受け入れ、自分達の独自性を押し付けるようなことはしない。常に政治家とコンタクトをとり、コミュニケーションを重ねてきました。今回爵位を受けたことによって、また新しいドアが開きました。こういうものを使って、さらなるネットワークを構築していきます。

渡辺：トニーさんを支えている情熱の源泉は何でしょうか？

トニー：3つの理由があります。一つ目は、若い頃にひどく苦労したことでしょうか。貧しくて、ギャンブルなどをやってトラブルに巻き込まれ、ひどい状況に陥りました。食べるにも困るほどでした。

二つ目は、インナーシティの問題に関心があって、タスクフォースに入って、ロンドンのペッカムのパブリックハウスの悲惨な状況を目の当たりにしたことです。このことが自分の人生を変えるきっかけになりました。

三つ目は、息子を亡くしたことです。そのとき、スティーブン・チムズという労働党の大臣から「大変悲しいことが起こってしまったが、それでも私たちにはあなたの力が必要だ、イーストロンドンはあなたの力を求めている」という手紙をもらいました。そういう体験が自分の根底にあって、グラウンドワークで社会を変えていくということに情熱を燃やしてきました。

渡辺：グラウンドワーク三島は今年で丁度20周年を迎えます。'92年の2月にスタートして20年間、グラウンドワークの名の下に活動し、学ばせてもらってきましたが、平成24年に、ひとつの節目を迎えます。そこで、来年度には社会的企業を立ち上げ、公益的なNPO法人グラウンドワーク三島と、より収益性を高めた株式会社グラウンドワークの役割を分けていこうと考えています。なにかアドバイスがありましたら、お願いしたいのですが。

トニー：まず、なぜ社会的企業を創業するのか、その目的を明確にしておく必要があると思います。そして、公益的な部分については、しっかりと事業を分けて考えなくてはなりません。バランスを間違えるとエシカルな活動ができなくなります。また、NPOの方から企業に対しては、決して資金を出さないということが大切です。なぜならチャリティで得た資金は、ビジネスに貸しだすような性格のお金ではないし…そもそもイギリスでは法律で禁止されています。法律で縛られているかどうかは別として、そういう形式での資金運用は、リスクが大きすぎると考えます。

もしも、チャリティから資金を提供して、ビジネスが失敗した場合、チャリティの方にも負債が残る形になりかねません。また、同じ人間が管理を担うことはよくありません。地域に存在する起業家や有識者、専門家などに任せるなどの方針を立てるべきでしょう。

渡辺：実は、グラウンドワーク三島のさらなる取り組みとして、学校法人との協働事業による人材育成を考えています。グラウンドワークデザイン科や地域再生デザイン科を設け、8月からは、学生募集を始めようとしています。私としては、グラウンドワークの活動現場を人材育成の場に活用したいと、現在、そのカリキュラムを検討しているところです。

学校の設立にあわせ、グラウンドワークUKとミッションを組みたいと考えていますが、いかがでしょうか。

トニー：アイデアはよいと思います。グラウンドワークの強みを活かしていけると思います。すでに2400人の若者のインターンシップをやっておられる経験を活かした事業展開で、とてもいいと思います。日本では、40万人の学生が、未就職と聞いていますので、大卒の学生だけではなく、ボケーショナルトレーニング（職能資格）のための研修なども可能性としてあるのではないでしょうか。

日本が大企業型の社会だけではなく、中小企業の多い社会になってくれれば可能性はさらに広がります。グラウンドワークUKはフェデレーションなので、最終的にはトラストに相談して進めていく案件だと思いますが、グラウンドワーク三島は、イギリスのトラストのなかでも評価を得ているので、そういった意味では難しくないでしょう。実現を強く期待していますので、頑張ってください。

トニー・ホークヘッド氏プロフィール

（グラウンドワークUK　常任理事）

ロンドンにあるイースト・ロンドン・パートナーシップのCEO、およびスタンフォード・ディベロープメント・エージェンシーの会長を務めた後、1996年9月よりグラウンドワークUK　CEO。2011年には環境再生への貢献で爵位（Sir:knighthood）を授与されている。最近では政府の各種審議会のメンバーも務める。

【NPOリーダー編】

第一章　リーダーとしての人間力

人間力とは多様な力の融合体

私が、グラウンドワーク三島のリーダーだと多くの人たちに言われますが、決して、そういう立場だとは考えていません。リーダーとは、皆の知恵といいますか、思いといいますか、具体的な行動を、いかに引き出し、それらを有機的に結合し、多様なパワーを一つの大きな力、具体的な力に束ね、変換できるのか、そのような「多様な力」を持った人のことを指しており、リーダーの力とはそういう力ではないかと考えています。

誰かが、まずは、最初の一歩を踏み出さないと、物事は、何も始まらないという事は、承知なさっていると思います。皆さんは、地域で何かをなそう、あるいは、今、なしていることを、より良くしよう、さらに、いろんな人に、その思いを伝えようと、そのような「問題意識」を持っていると思います。

そういう点では、既に、リーダーとしての「資質」を身につけていらっしゃるのではないかと思います。大事なことは、この問題意識を、いかに、現実社会の中において、具体化・

具現化・現実化していくかという意味での、リーダー性とリーダー像が問われているのです。

私もＮＰＯ・ボランティア活動を始めて、今年で25年目になります。本年、グラウンドワーク三島は20周年を迎えます。20年間も、よくやってきたなと思っていますし、白髪も少し増えました、三本ぐらい増えただけなんですが。歳も取ったなという思いもあります。

定年後の同級生には、仕事が無くなってしまい、62歳でブラブラしている仲間も沢山いるわけです。しかし、私の場合、幸いにして、都留文科大学での仕事が見つかり、そこが、生きがいの場、自己表現の場にもなっていて、65歳まで働かせて頂けるということです。

そういう点では、まだまだやることがいっぱいあって、緊張感に満ちた、辛い日々を送っていまして、とても太れない。たった０・１０７トンしかないみたいな、成人病ギリギリというか、そろそろ糖尿病みたいな。年は62歳にもなって「トン尿病」なんて。

そういうことで、リーダーの要件は、如何に「笑い」をとるかです。笑わせて、和ますというテクニックです。簡単に出来そうに見えて、これがなかなか出来ません。場を和ませながら、こちらに注意と関心をだんだんと引きつけていくのが、リーダーの資質です。そういう資質を持っていることが大切です。

さて、これから、私が今までに活動・体験してきたことの中において、感じ、必要ではないかと考えた、リーダーとしての「人間力」や具体的な「資質」を、以下のとおり、25項目あげ、それぞれの内容について説明していきます。

1　自立力、自律力、内発力
2　全体力、総合力、融合力―全体を見られる力、新しい地域パワーを生み出せる力
3　調整・仲介力
4　情報収集力
5　肝力と胃力―気分を晴らしたりコミュニケーションをとる武器として必要な力
6　戦略性、戦術力―真面目にコツコツやるのではなく、先を見て狡くやる力
7　パートナーシップ力―自分たちの足元を固めてから連携する力
8　合意形成力
9　ネットワーク力
10　政治力
11　コミュニケーション力―淡々、粛々と、論理的に自分たちの正当性を伝える力
12　冗談力―笑いをとって賛同を得る力
13　忍耐力、消化力―心の整理棚を備えてのしかかってくる重荷を回避する力

14　思いやりの力、愛情力、共助の力―同じ目線に立つ力

15　パフォーマンス力―イベントやシンポジウム、フォーラムを開く力

16　多様なアプローチ力

17　行動力―現場に落としていく力、現場毎に試行錯誤していく力

18　現場力―現場でできる力

19　実現力―形を残す力、身近な小さなことから取り組む力

20　問題解決力―総合的な力を駆使して問題を解決して行く力

21　先験力、柔軟力、創意工夫力、創造力、迅速力、説得力

22　国際力―国内ばかりじゃなく外国人と交流して行く力

23　マネジメント力―経営力とリスク対応力

24　ビジネス力

25　決断力

第2章　リーダーとして求められる人間力とは

自立力、自律力、内発力

まず一番、大事なのは「自立力、自律力、内発力」でしょうか。

ジリツという言葉は、二つあります。一つは自立。自分が自立するという自立。「おまえ、そろそろ自立しろよ」「自分で稼いで自分で生きていけよ」ということ。この自立力という自覚が、非常に大事な考え方です。それから、もう一つの自律力は自己を「律する」ということです。いわゆる自己責任。自分のやることは、自分が責任を持つということです。それから、それに絡めた内発力といいますか、創造力を指しています。

（1）「俺たちのことは俺たちでやる」という主体性、自立性

特に、ＮＰＯに関わっている皆さんは、自分の責任でやっているようで、自分の創意工夫でやっているようで、実は意外と役所から言われたことをやっているとか、やや役所の意向を踏まえているとか、補助金を狙っているとか、そんなことを言うと怒られてしまいますが、そういうことって、意外とありますよね。行政は3年間位は支援してくれますが、4年後に

は、補助金が切れ、間もなく、組織が潰れてしまう場合が多いですね。3年経つとほとんどの協議会や委員会が、泡のように消えてしまうパターンですね。

役所は、とにかく、協議会か委員会をつくる方法しか、知りません。それ以外に何かあったら文句を言ってみて下さい。何とか協議会とか、委員会とか、議論をすると言っても2時間の会議のうち1時間50分は役人が説明していて「以上、終わります」みたいなやり方です。何にも議論していないじゃないですか。そういうことではなくて、やっぱり自分たちで考えて、自分たちでやったことには責任を持つということです。当たりまえのことですが、このことが常に頭の中にしっかりと根付いているとか、強い意志として持っていることがリーダーとして大事です。まあ簡単に言えば「俺たちのことは俺たちでやる」「やれることからやる」ということです。こういう言葉を、言うことです、言える人です。

困ったことになると、「この問題は、とにかく、県会議員にお願いに行ってこよう」という話にすぐなってしまいます。外に情報を出して、何かを訴え、何かを変えようという意志ではなくて、足元の中で問題を見出して、それを出来る範囲でいかに具現化できるか、具現化して行くか、そのためには、一体何が必要かを考えられる力、それが主体性と自立性です。

（２）自立するところに愛・愛郷心が生まれる―議論百出させて愛を呼び戻す

批判されることは、結構辛いと思います。さらに尾ひれがつき、いろいろと言われます。そういう意味では、いやになっちゃうと思います。私も同じようなプロセスを経てきていますし、今も、そんな思いの連続です。しかし、あえてなぜやるかと言えば、そういうプロセスがあると、一種の「産みの苦しみ」が、そこにはあって、そういうことをやることで地域や、そこに関わる事象に対して、「愛」が生まれるからです。その愛は「愛郷心」です。「愛郷心なくして愛国心なし」といわれます。あるいは、「地域愛」というものです。この「愛」というのが大事じゃないでしょうか。

これは個人的な愛ではなくて、地域に対する公益的な愛なのです。社会性の高い愛を、もう一度呼び戻すためには、丁丁発止、議論百出が必要です。それを逃げたら良いものは出来ないということです。行政がつくるものに、愛や人間的な温かさを感じないのは、その議論百出のプロセスが足りないからだと私は思っています。

「三島が綺麗になった、なった」とおっしゃいますが、はっきり言えば、３年間で約２００回の地域住民との勉強会を繰り返し、いろんな人たちがぶつかりあって議論したからです。「ゴミだらけの源兵衛川を埋めちまえ」という人もいました。「何でこんなくだらないことをやるんだ」、「行政は何をやっているんだ」「政治は何やっているんだ」と、人の悪口と批判ばかり、「東レが地下水を揚水したから湧水がなくなったじゃねえか」と言って、企業のせいにしてしまう。という風に、全部、他人事にしてしまい、棚に上げる。しかし、「貴方が雑排水や下水を流しているから、川が汚いんじゃないですか」みたいな話です。

全体力、総合力、融合力—全体を見られる力、新しい地域パワーを生み出せる力

2番目は、「全体力、総合力」です。

全体を見られる力。そして、いろいろなことを理解し、いろいろな専門性もやや持ち、それぞれの要素を先ほど言ったように上手に有機的につなげていける力、「融合力」ということにもなるかと思います。

融合力ってどういう意味があるのか、お分りですよね。融合することとは、プルトニウムの話です。Aというものと Bというものを高速で高熱でぶつけると新しいCというパワーが生まれるんです。それなので沢山の多様な人々が言いあって、ぶつかりあって、積極的に、傷つけるという意味ではなくて、前向きな議論をして、結論を出すことによって、新しい地域パワーというものを生み出していこうというのが、この融合力です。

そういう意味では、それらをぶつけあって、ずっとやっていたら火花が散り過ぎて、火事になってしまうじゃないですか。それで「いやいや、まあまあ」と言って、「今日は一杯飲みましょうよ」とか「焼鳥屋にでも行きましょうよ」という配慮が大事です。後で出てきますが、そんな感じて、油を注ぐ部分もあるし、ちょっと水を入れて頭や感情を冷やす部分もあります。そういう力です。

調整・仲介力

3番目は、これが最もグラウンドワーク的ですが、「調整、仲介力」です。

(1) グラウンドワーク三島がこの20年やってきたのは、調整・仲介の力

神代の昔から仲人が存在していました。最近、結婚式に出ていませんが、その仲人の力です。今、婚活でおばちゃんが頑張ってくれていますが、大切です。このおばちゃんが一生懸命、繋いでくれて、結婚、結婚と、頑張っていただいているわけです。昔は布団をひいて電気を消せば子どもが生まれた。今は電気を消さなくても節電で消さなきゃいけない、それで布団をひくけど、それでも子どもは生まれない、とこういうことです。こういう意味では、

この仲介力というのが大事です。

調整して仲介する力。これはショック・アブソーバーでもありますし、それからコーディネーターの力でもあります。いわゆる演出力といいますか、そういう力でもあります。どこかに何かの問題があり、それを誰がどういう風に解決すればどうなるかということがすべて分かっている人、この立場の人が、プロデューサーです。ですからプロデューサーというのは、テレビ番組を作ろうと、映画を作ろうと、一番トップに立って全てを采配しているリーダー中のリーダーになりえるわけです。私どもグラウンドワーク三島が、この20年間、やってきたことは、この調整・仲介力だったんです。

（2）一人一人が喜ぶ100点を探さずに皆が喜べる70点を探す力

川が汚くなる、街が汚くなった。一人一人は、それぞれバラバラにある程度の努力はしてきました。しかし、よく考えてみると、市民も住民もNPO・市民団体も行政も企業もバラバラでした。無関係で問題のない範囲で好きなことをしていたのです。その好きなことをしていたことは批判しません。しかし、批判はやめて、前向きに、得意技を伸ばして、長所を引き出して、それぞれが上手く、連携・信頼して、いいことだけを出しあい、大きな力を生み出していこうと。そうしないと三島は終わっちゃうということを、あっちこっちで、3年間、言い歩いたわけです。

しかし、三島のある人たちは、我々のことをこう言いました。うちの合言葉は〝右手にスコップ、左手に缶ビール〟ですが、「君たちは、ただ美味しいビールが飲みたいだけなんだろう。要は、酒を飲むことが主目的の集団だろう」って。10年間、いろいろと言われたんです。ジーと黙って聞いていて「いつか待ってろ」と。「穴を開けて埋めちゃおうか」と。それは冗談ですが。その間に、三島は電柱が地中化になったんです。僕は、その間にお店が地中化されちゃうと思ったんですが、意外とお店ももってくれて、皆の力で川が綺麗になり、人が歩きだし、約12年の間で45万人も観光客が来て、観光入込客数が、15倍にも増えたんです。そして中央通りの空き店舗はなくなりました。約740m、236店、お店がありますが、三島の宿のいわゆる東海道ですが、見に来てください。空き店舗は一つもないです。

皆で協力しあって、それぞれの立場で知恵を出し合ったんです。こういうことは、誰かが調整しないと、事実関係をつくることは、正直、無理だと思います。なぜ、無理かは、お分りですね。利害や思惑が優先するからです。ですから最終的には、バラバラになってしまうんです。「いやいや、そうじゃないんだよ」と。「皆が喜べる70点を探そう」と。

一人一人が喜ぶ１００点を探すから失敗するんです。70点でいいじゃないですか。それで合格ですよ。入っちまえば、こっちのものだから。みなさんは立派で優秀だから１００点を狙おうとする。関係ないですよ。合格してしまえばこっちのもの。街の息の根を止められてしまったら終わりじゃないですか。やはり、しっかりと息が続けられるような仕掛けを作る。調整・仲介力を発揮して頑張るということではないかと思います。

情報収集力　情報の受発信力がなければリーダーは裸の王様

４番目は、「情報収集力」です。

インターネットとかツイッターとかユーチューブとか、フェイスブックとか、今、いろいろないわゆる電子情報が乱れ飛んでいます。ブログもそうです。いいブログ、悪いブログ、いろいろあるでしょうが、これらの影響により、中東に改革の風が吹き荒れ、解放の春が来て、そして、中国でも少しずつ民主化が進行しています。

インターネット上の電子戦争ではないですが、誹謗中傷を流し、人を自殺にまで追い込んでしまう。そこまでインターネットによる情報が武器化・狂暴化しているわけです。逆に言えば、こういうものに、上手く載せて情報を発信し、また集めることです。いわゆる受発信の力です。この力なくしてリーダーは、「裸の王様」だということです。自分の財布の中にいくらお金が入っているかも分からないのに、何処に戦争に行くんですか？　こういうのは「放漫経営」ということでしょうか。

肝力と胃力―気分を晴らしたりコミュニケーションをとる武器として必要な力

５番目は、「肝力・胃力」です。

これは、特に大事ですが、肝臓の「肝」です。肝臓の力と胃の力という意味です。リーダーになっていくと、これからいろいろなことが起こります。トラブルや、なかなか思うようにならないこと、思うようにしなきゃいけないことが起こります。その時に、どうやって気分を晴らすか。何をコミュニケーションの潤滑油にするか。そのための舞台として、聖徳太子は赤提灯というものをちゃんと用意してくれたわけです。これは知事が用意したんじゃないんです。前の知事が用意したのでもないんです。聖徳太子か、ここは富士山ですから、木花咲耶姫が用意したと私は思っているわけです。というわけで、とにかく、「赤提灯」で楽しく、意思疎通を図りましょう。

それを繰り返していくためには、肝臓の力が強くなきゃ駄目です。どうしたら強くなるか、親に聞いてみてください。私がお教えします。肝臓の力を維持するためには、水を2リッター毎日、飲んでください。私は、冗談抜きで毎日2リッター飲んでいます。冷酒をコップでぐいと飲むでしょう。そしたら隣においた氷を入れた水を飲みます。これの繰り返しをしておりますので、あっという間に水とお酒がともに一升無くなります。本当に、「一日一升」ずつなくなります。内村鑑三が「一日一生」って言いましたが、字が違いますね。

何を言いたいかというと、やっぱり宴席というのも必要ということです。こうギスギスした時代に、いいじゃないですか。ウーロン茶を飲んだって、お茶を飲みながらでもいいじゃないですか。やはり「会議が終わったら、一杯飲んで帰りましょうか」という話じゃないでしょうか。

まあ楽しくいきましょうということ。死ぬまで生きられますから。太っていたって最後は痩せて、軽くなり、燃えやすくなりますから。吉永小百合がどうこう言ったって結局勝負は、50歳までですから。否、最近は60歳までかな。まあ、どうせ、最後は、人間、皆、痩せます。そういうことなのです。

戦略性、戦術力—真面目にコツコツやるのではなく、先を見て狡くやる力

６番目は、「戦略性」です。

戦略力という言葉があるかどうかわかりませんが。私は常に「戦略的アプローチ」と言っているんですが、戦略的という意味は分かりますよね。これは「先を見て、狡くやりなさい」という意味です。

生真面目にコツコツやったって、世の中はあまり変えられないということです。真面目に対応すること自体を否定しているわけではありません。いろんなものを、さっき言ったように総合的に集めて、今、何が一番必要なのかを的確、適切に、元石川知事流に言えば「生産性の向上」です。いわゆる合理的な発想と行動力、迅速な対応ということになるわけです。

これをやらないと、疲れていきます。「ＮＰＯは、無償だと言いますが、いつまでも善意が続きますか？お金が続きますか？思いが続きますか？体が続きますか？お仲間も一緒にずっといてくれますか？女房にすら愛されないようになりつつあるのに、他の方と20年も一緒にやっていける自信はおありですか？」ということです。

やっぱり、日々、高速で回転して、どんどんと攻めて行かないと駄目です。そのためには、足元の「戦術」が重要です。戦術は、明日、何をするかという意味です。あさっては何処ま

で行くのか、そして一年後には何処まで行こうとしているのかという意味です。そこまで行くと、今度は「戦略」の段階に入って来るわけです。3年後は、どういうステージにまでもっていくのか？10年後にはどういう状況がみえるかということになると、ますます戦略性の位置づけが強くなってまいります。戦略という言葉を、とにかく頭にしっかりと入れておいて下さい。

パートナーシップ力―自分たちの足元を固めてから連携する力

7番目は、「パートナーシップ力」です。

1人でやるより2人でやったほうが大きな力になります。3人でやるより10人の力がもっと大きいです。そういう意味では、まず核になる自分たち、自分としての個人、それから基軸になりえる組織というものを、きちっと固める。これは、活動の芯、核、ハブ、支柱、基盤、ボード、パレットです。いろいろな言葉で表現しますが、基盤になる部分、足元の部分を、まずは、的確に確定して、そのうえで周りの人に対するアプローチを、放射線状に広げていくのです。

この手法は、バームクーヘン形のＮＰＯの組織づくりの手法と言って、いいのかもしれません。バームクーヘンというものは、丸くて、何処をかじっても、どこを切っても、同じ味がして、同じ模様じゃないですか。これが、パートナーシップ力なのです。

まず自分自身の認識です。自分の組織ですから、そこの意志を、ミッションを確立し、確実にしたうえで、限界というものもありますから、違うもう一つの組織と、ダブル部分というか、意志を同じくする部分があるなら、そこと連携してやっていく。そして、色々な活動に発展・拡大させていくのです。

あれも、これもやりたいということになりますが、自分の所で、あれもこれもやろうとすると、必ず消化不良になってしまい、「いったい私は誰？」って不安を抱きます。結果的に、内部崩壊ということになっていくわけです。「いったい何のための組織なの？」って、ことになってしまう危険性が非常に大きいわけです。

私も県のＮＰＯ推進室長を5年間担当し、静岡県内のＮＰＯの実態を見て来て、私が担当した範囲でも４２０ぐらいＮＰＯ法人の認証書を渡してきましたが、今、残っている団体は一体、何団体くらいあるのでしょうか。私が知っている範囲でも、「理事会でいつも議論がまとまらず、理事を辞めたので違う組織を作りました」など、組織内のヒビ、歪みというのが、拡大しているなと感じています。

そういう意味では、自分の組織の足元をきちっと固めながら、関係者の意志を同じくしながら、あまりウィングを広げずに、広げようとするんだったら、その意志と似かよったことをやっているような人たちと連携しながら、活動の多様性を作っていくほうが、戦略的にはいいのではないか、効率的ではないかと考えています。

合意形成力

8番目は、「合意形成力」です。

(1) 合意形成のゴールを時間をかけて見つけて行く

コンセンサスの力です。役人が一番、不得意なものです。沼津の高架問題はいつまで経っても解決しません、解決するのはなかなか難しい問題です。反対・賛成、双方の主張がかみ合わず、言いたい放題だからです。私は空港対策課に5年間勤務し、困難で複雑な富士山静岡空港の用地交渉を担当していました。1日2時間しか寝ず、血を吐くようなことがありましたが、厳しい仕事を長く担当していました。

まちづくりというレベルにおいて、町内というか、現場というか、一種のコミュニティの範囲に入っていっても、最終的には、いろんなことをいう人が、山のようにいるわけです。しかし、これをやらなきゃいけないと、こうしなければいけないと、強い意志をもって、その方向性を決めたら、それを貫き通さなければいけません。物事の解決・合意のためには、こちら側の考え方を理解して貰わなければいけないわけです。理解のプロセスが、「参加のプロセス」なんです。

このプロセスは、「民主主義のプロセス」です。右だ、左だ、カレーライスだ、焼き肉だという人は、沢山います。それを、私が好きな大盛りカレーにするという方向にもっていくためには、どうしたらいいのでしょうか。住民の意見をしっかりと聞いて、こちらの意見をしっかりと主張することが、信頼関係を形成するためには必要なことです。そして、物事の「中庸」の落としどころを探すことが大切です。多様な意見や問題を収斂させ、その中庸を探し、皆が70点くらいと満足する合意形成のゴールを見つけ出して行くことです。

そのためには、時間がかかります。急いで答えを出そうとしたら失敗します。役所のように1年で答えを出そうとしたら、必ず失敗します。ゴールはないようでいて、ゴールはあるんです。ゴールがなければ、目標がないのですから、全力では走れません、疲れちゃいます。心が萎えてしまいます。だから、ゴールは必要なんですが、年度で区切りとするのではなく、物事の熟成度で決めるのです。それが、合意形成の一つの重要なポイント、ノウハウであることを頭に入れて頂きたいと思います。

(2) 合意形成から逃げてはいけない

合意形成のプロセスや困難からを逃げたら、物事は上手くいきません。また、多様な人々も応援してくれません。それから何か、ものをつくるとしたら、そこに魂が入りません。愛着心が入らないから形を作っても、ビオトープを作っても、管理する人がいなくなります。3年、5年はもつでしょうが、10年、20年と経過したら、誰が管理してくれるのですか。誰が、現実的に責任を取るのですか。

という小学校の先生が今、日本中に沢山、いるわけです。ビオトープ、ビオトープといって、何かに取りつかれように、小中学校にビオトープを作って、今では、ビオトープは管理が大変だから、埋めろ、壊せという論理です。当時の熱心だった校長先生もPTAの会長もいなくなった、一生懸命やっていた担任の先生もいなくなった、さて、ビオトープだけが残った。今後、どうなってしまうのでしょうか。

「一体、この水たまりは何のために存在しているのか」という話になってしまっているわけです。私も、今まで、ビオトープを4箇所・保育園から小学校、高校と作ってきていますから、少し反省しなくてはならないこともあります。しかし、グラウンドワーク三島が手掛けたビオトープの現場を見に来て下さい。10何年が経過しても、見事に美しく整備されています。

これは合意形成の力です。子どもを含めてちゃんとやる。合意形成の裏には、ちゃんとした持続可能な管理システムが、そのゴールの経過に混在しているということです。作れば、必ず、管理をしていかなくてはならないのです。この管理が、一番、大変で、めんどくさい作業です。お金がかかり、あまり、関わりたくないのです。市長は、オープンと祝賀会には来るんです。しかし、具体的な管理作業には来ません。そうでしょう?それはお役目だからしょうがないけど、住民や父兄が、来なくなっちゃったらどうするんですか?作った人間としての自己責任を果たして下さいということです。

ネットワーク力

９番目が、「ネットワーク力」です。

（1）いろいろな専門性を持った人たちと繋がっていくこと、人を使う力

先ほどのパートナーシップと、どう違うか。ネットワークはいろいろな専門性を持った人たちと繋がっていくということです。グラウンドワーク三島では、緒明實名誉会長（元理事長）のお名前をお借りして、私たち、ＮＰＯの組織や活動の社会的信用を担保していただいています。

私ごときが、リーダーなんてとんでもない話です。どこの馬の骨だか分からないじゃないですか。県庁の役人なんて、退職するまでは立場の乱用で強気ですが、立場がなくなれば、便所の蝿みたいなものです。偉そうにしていたって、立場がなくなったら何もないんです。特に、地域での確固たる立場はありません。

重要なのは、「人的ネットワーク」であり、「資金的ネットワーク」であり、「専門的ネットワーク」であり、「情報のネットワーク」です。「因習・悪習のネットワーク」もあります。何でもいいですから、もってこないと、皆さん自身が、みんな努力して、自分の身銭を切って資金を工面しなくてはならなくなっちゃうんです。

ＮＰＯの活動を通して、自分自身が、すり減らないことが肝要です。ＮＰＯの活動に熱心過ぎて、いろいろをすり減らしたら駄目です。逆にＮＰＯの活動を通して、太っていかな

トワークの力は、多様な人々を、どう使い、活用するかの力だと正直、思っています。

（２）会社の理念、会社は何のために存続しているか、日本と外国とを比較する話

ですから、お金を持っていそうな、篤志家、支援者を探して、近づいて行くんです。赤提灯で一人で飲んでいちゃ駄目です。一人カラオケが出来たようですけど、あんなところで、一人で歌ったって、何の創造力も生産性もないでしょう。いろいろな人が集まる場所に行くんです。お金を持っていそうな人のところに近寄って行くんです。

失礼な言い方をしますけど、貧乏人のところには行ったってしょうがないでしょう。私は赤字を出している企業なんかにお願いに行きません。かえって、失礼なことだと思います。お願いに来るなら調べて来いよという話でしょう。今、グーンと成長し、儲けている会社に行くんです。そうして、お金を支援してもらえるように、お願いしてくるんです。別に、その行為により、私の給料が上がるわけでもなんでもないんですが。

どのくらいの数、いままで企業回りをしたと思いますか？儲かっているって、何処で調べるんですか。会社の定款を読んだことありますか？定款に何が書いてありますか。利益の配

分ってとこに何が書いてありますか。会社が何のために存続しているのか書いてあるんです。そこを読んで行けば、ああ、この会社は、こういうミッションをもった会社だということが分かるんです。

皆さん、参考に世界最大の保険会社プルデンシャルの定款っていうのを、英語ですけど、30年かかって読んでみてください。あのプルデンシャルの定款というのは素晴らしいです。会社は、世界のためにあるんです。ミッションは、たくさん書いてあります。日本の学生は、会社の福利厚生とか給与とか、そんなことばかり見て、会社に入社していくのではありませんか。

しかし、私が知っているイギリスの学生は、会社のミッション、理念を見て、会社を選定しています。イギリスの会社案内って知っていますか?今度、海外に行ったら本屋に行って、海外の会社の会社案内を分厚いですけど、買ってきてください。英語の達者な方は、日本の会社案内と見比べてください。書いてあることが全然、違います。インターネット上でもわかりますから見てください。会社は何のためにあるのか、日本との違いは決定的です。

政治力

10番目は、「政治力」です。

（1）政治力を使う―首長や議員さんの理解を得る

これは自分たちがやっていることです。政治家といいますか、少なくとも首長さんにご理解して頂かないで何をやろうというのですか。少なくとも議員さん全員とはいいませんが、主だった議員さんには、ご理解を頂き、アドバイスを頂くということは、当然のことです。

選挙で選ばれた人ですから、やっぱり住民の代表者です。そういう意味では、市長さんに話をして「ああ、いいね」と言って頂いたということは、「グラウンドワーク三島の言って来たことは、ちゃんと受け入れてやりなさい」と部長に対する指示と同じなんです。これで一気に信用度が、上がるんです。

だから、政治家は、使うだけ使うのです。皆さんが選んだんだから。税金で食ってんだから、使わなきゃ損でしょう。批判ばっかりしてもしょうがないから、近づいて行く。ちょっと強めの化粧品で。バーゲンの物は駄目、匂いが弱いから、瞬間は強いんだけど、続かないから。やっぱりシャネルの高い香水がいいと思います。というわけで、化粧品と政治力が大事です。

（2）市長の所に頼みに行く時は大事なことを2つだけ大きな字で書いてもっていく

市長さんのところに行くときに、よくこういう文書を持って行きたいと相談を受けます。メールで送ってきたりするんですが、30枚ぐらい書いてあるんです。もうそれは見ないから。だから1枚で、でかい字で、14ポぐらいまたは16ポぐらいで書く。お願い事項を3つ以上書いても、分からないから。2つしか分からないから。知事クラスはもう1つ、首長は2つ、おまけで3つ。4つ以上はただ頷いているだけだから。幾ら、一生懸命に説明資料を付けて説明しても、その多くは、ポイとゴミ箱行きです。この間、そうやって話したら「どこのゴミ箱ですか」って急に質問した人がいて困っちゃったんですが。それはおいておいても、2つだけ分かりやすく、デーンと書いていってください。

これ、結構、難しいですよ。皆さん、自分が何をしたいのか、ひどく、興奮しているから、分からないんです。役所にいろいろと言って来る人は、べちゃくちゃべちゃくちゃ言っているから、「そうですね、そうですね」と応えて、1時間黙っていれば、「はい、お帰りはあちらです」って感じです。

コミュニケーション力―淡々、粛々と、論理的に自分たちの正当性を伝える力

11番目は、「コミュニケーション力」です。

何でもかんでも、一方通行で、こっちの言いたいことだけを、だらだら、べらべら、喋れば世の中、通用するというものでもないでしょう。調整・仲介力も含め、まわりの反応を見て、そして自分たちの考えていることが、いかに正当性があるかということを淡々、粛々と、論理的に、いかに喋れるかということ。そして、その裏付けも必要ということです。

例えば、「私たちは子どもを１０００人集めてこんなことをして、こんなに素晴らしくなったんです」と言ってきます。「具体的に何が変わったんですか」と聞くと、「いや、子どもたちが興奮したんです」「いや、顔色が変わったんです」と。「じゃあ、病気になったんじゃないんですか」と、こちらは言います。

顔色って、どう変わったか分からないじゃないですか。「１０００人の子どもの内訳を教えて下さい」というと、「ええ?.内訳?.」「いやだから、小学校、中学校、どういうことになっているか?.弱者の方、足の悪い方はいらっしゃらないのか?.」「え?.」みたいな。だんだんだんだん、分からなくなってしまうんです。

ＮＰＯ推進室に在籍していた時も、「指定管理者制度を今度やりたいんですけど」と、どこかのおばさんが来て「私たちはこんなに残業してこんなに頑張っているのに、あの市長が分かってくれない」みたいな文句を長々言うわけです。「あーそうですか。そんなに頑張っているなら、申し訳ないですが、半年間の出勤簿を見せてくれますか」と聞いたんです。「え？何ですか、その出勤簿って？」それでどうして「私たちがこんなに頑張っているのに」と言えるんですか。「いや、だから、何時に出勤して何時に帰ったのか…土曜・日曜に出てきた証拠は…出てくればいいってわけじゃないから、何をしたのか？30分ピッチで業務内容を全部、書いて持ってきてください」って言ったんです。大変、失礼だったんですが。半年たっても来ませんでした。

もう、そういうことですから、しっかりときちんと、根拠をつくりながら、ＮＰＯの活動を進めていく。それをベースに、しっかりとコミュニケーションをして頂きたい。すなわち、言葉を発するということは、信頼を作っていくプロセスですから、おおいに喋らなきゃだめです。

私も外ではこんなに喋っていますが、家に帰ると殆んど喋らない。「便所に行く、風呂に入る、寝る、焼酎」これくらいです。これで32年間、別れないでいます。しかし、外に出ると、喋りまくりますから。大学に勤務している日は大変忙しいです。講義を３本開講しています。１時間半を３回で4.5時間、立って喋って、夜、三島でまた説明会に対応して、一日延べ８時間喋りまくって、ほとんど疲れないという、このコミュニケーション能力、自分のことを言っては僭越ですが、是非、磨いて頂いて、信頼関係を深めて頂きたいと思います。

冗談力―笑いをとって賛同を得る力

12番目は、「冗談力」です。

やっぱりたまには笑いをとって、それで賛同を得ましょう。要するに、間を外すってやつです。緊張感をもって話すと会話も満ちてきますから、そういう時には大事な手段だと思います。

忍耐力、消化力―心の整理棚を備えてのしかかってくる重荷を回避する力

13番目は、「忍耐力」です。

それから消化力ともいうんでしょうか。いろんなことで皆さんは重荷を背負わなきゃいけない。家庭の中にも課題があるでしょうし、働いていればもっとあると思います。辞めたからといって、病気のことやら家族のこと、地域のことが、心配でしょう。過労といいますか、神経が、いろいろと疲れると思います。

しかし全部、気にしていたら死んでしまいます。ですから、やっぱり、うさを晴らすわけではありませんが、消化して、整理して、違う棚の中に入れて、それが重荷になって自分の心や体にのしかかって来ないようにする。整理するという、そういう力がないと。特にリーダーには、多様な圧力がかかって来るわけですので、是非そういう、「心の整理棚」みたいなものを持って頂きたいと思います。

これは、誠に失礼な言い方ですが、ご苦労なさらないと多分、分からないと思います。幾ら本を読んだって、学べません。体験こそが、力なり。体験こそ大人の学習になりえるということです。リーダーが、物事から逃げたら終わりです。リーダーが背中を向けたら、そのチームは、離散・解散・脆弱化しちゃうでしょう。リーダーは申し訳ないですが、風に向かって、飛んで来る矢に向かって進むしかないのです。辛く、苦しい立場です。

思いやりの力、愛情力、共助の力―同じ目線に立つ力

14番目は、意外と大事でして、思いやりの力、「愛情力」です。

ボランティアは「共助の仕組み」ですが、共に助けるという意味で、「共助の力」ということになるでしょうか。会議をやっていても「彼は、ほとんど会議に来ない」「呼んでも活動に参加しない」という愚痴をよく聞きますし、「そういう人にはどう対応したらいいのですか？」という質問をよく受けます。

電話を掛ければいいじゃないですか。それだけのことです。来なきゃたまには何かを持って家に行って本人に会ってきたらどうですか？何で来ないって、用があるから来ない、何か理由があるから来ないに決まっているじゃないですか。

もしかしたら、リーダーのことを嫌っているかもしれないじゃないですか。嫌われているんだから、好きになってもらえるように何かを持っていって、おとしまえをつけるしかないじゃないですか。貴方たちは、そんなに人を呼びつけるほど偉いんですか？ＮＰＯは、基本的には、「横の人間関係」でしょう。事務局長であろうと、理事長であろうと、活動を熱心にやっていようと、皆、同じでしょう。

ＮＰＯは、ヒエラルキーの世界じゃありません。役所のように中央集権のトップが、三角形の上に君臨していると思っては、大間違いです。役所の縦割社会を壊した、横の社会です。横のネットワークを作ろうというのが、ＮＰＯの最大の目的ですから、それは目線の高さが一緒だということです。

上から下を見下ろす、目線ではない「横からの目線」。子どもがいたら膝を下げて子どもと同じ目線になる、車椅子のおばさんがいたら、障害者がいたら膝を下げて同じ目線になるということがＮＰＯにとっての基本的な考え方です。ただし、ご存知のように組織というものは、それだけでは運営できないことは道理としてお分かりでしょう。

機能的な意味では、中央集権的な要素はしょうがないのですが、それだからと言って、俺は事務局長とか、俺は理事長とかなんて言い始めたら、短期間で組織は終わりです。もう絶対に悪口を言われますから。悪口が耳に届くようになると、一年持たずに組織の瓦解が始まります。

これは、心の問題ですから、そんなに傷つけて、そんなに偉そうにものをやるような組織は、人間が集まった組織とは言えません。もっと心よく、気が合うというか、そういう人たちで集まればいいんです。仲間同士が、お互いに偉そうなことを言うのは、やめて下さい。本当にやめたほうがいいです。

県庁は役所であり、生活も掛かっているから、そういう訳にもいきません。ゆえに県庁の人たちが磨いた、私も35年間在職して磨いた能力は、「死んだふり力」です。すごく頑張っているからみたいな素晴らしい力を、給与をもらって、ボーナスまでもらって磨いたんです。皆さんも、日頃の活動を通じて、この死んだふり力を身につけて頂きたいと思います。

パフォーマンス力―イベントやシンポジウム、フォーラムを開く力もその一つ

15番目は、「パフォーマンス力」です。

パフォーマンスをたまにはやりましょう。これは、イベントとか、そういうことにもなるでしょうし、シンポジウムとかフォーラム、そういうのもパフォーマンスの一つです。たまには嘘ついて病気にでもなってみたらどうですか、事務局長。病院に入院しちゃえばいいじゃないですか。それで組織がつぶれたら、それだけのものです。急にどこかに行っちゃったりして、急に心の病みたいと嘘をついてみる。誰も来なかったりして。

その程度にしか認められていなかったということで、しょうがないじゃないですか。深く反省して、酒飲んで、忘れて、また頑張ればいいじゃないですか。こういうパフォーマンスをたまにはやってみたらどうでしょうか。

一生懸命、頑張って、頑張って、なんかすり減って、すり減って、後ろを見たらもう女房もいないみたいな。まるでこういうのを、片道切符方式の「ゼロ戦型NPO活動」といいま

す。やっぱり、ぐるっと回って戻ってきて、3回位、旋回できるくらいやりたい。3回、回っても、センカイって言うんです。こういう感じで、楽しくやって、ください。

多様なアプローチ力

16番目が、多様な「アプローチ力」です。

(1) ボトムアップ・アプローチ―下から上へのアプローチ

いろんなあの手、この手でアプローチしようということです。例えば、ちょっと難しくなりますが、イギリスのグラウンドワークには、2つのアプローチがあります。

一つは、「ボトムアップ・アプローチ」と言います。ボトムアップとは、「下から上」ということです。今までの社会は、一部そうですが、上から目線のアプローチです。上からやろうとすると、必ず失敗します。震災復興事業が、国が先導して、推進されています。これは皆さんの血税を増税して集めたお金で対応するものです。そのお金が、地域を破壊し、景観を破壊し、自然を破壊する。

そんなことに使われてしまい、形ができてきたときには、市民は、もう驚愕の渦です。合意形成もあったもんじゃない。この従来の公共事業の推進方法、上からの目線には、大きな懸念を抱いています。大失敗の予感がします。

イギリスでは、こんな公共事業の進め方は、考えようもありません。下から上です。民主主義の原点は国民の皆様です。「主権在民」なんです。地域住民が神様です。神様の意向も聞かず、仏様だか何だか知らないけど、上から目線でやるなんて。昔、役所のことを「お上」と言っていましたけど、そこから来ているんですかね。お上どこじゃないじゃないですね、役所なんて。

まず、地域から問題を見つけ、地域から問題を提起し、地域からできることをやっていくという意識が大事だということです。

（２）ホリスティック・アプローチ―人の心に入りこむアプローチ

もう一つ大事なのは、「ホリスティック・アプローチ」です。

この言葉を今、イギリスでは、ものすごく重要視しています。「ホリスティック」とは、包括的という意味ですが、もう一つは「心」という意味もあります。「ホリスティック」、いわゆる心のケアをやっている人たちがよく使う言葉です。アプローチは人の心に入りこまなければいけないということです。

要するに、ゴミを捨てるのは、ゴミを捨てても平気だと思う心でしょう。しかし、それをゴミを捨ててはいけないと思う心に変えれば、一銭もお金がかからず、ゴミが捨てられなくなるし、ゴミを拾う人も増えるのです。街が綺麗になることに、全くお金がかからなくなるのです。ホリスティック・アプローチは、人の心に入っていき、心を元気にすれば、何事も主体的に自主的に行動することになり、お金がかからなくなる。これからのアプローチとして、求められているものです。

行動力―現場に落としていく力、現場毎に試行錯誤していく力

17番目は、「行動力」です。

グルグル無駄な時間を使って、議論ばかりしたって何の意味もないじゃないですか。とにかく、現場に出ましょうということです。そして、とにかく動くこと、そして、走りながら考えようと。やばいなと思ったら逃げようということです。一寸おかしいなと思ったら、止めようということです。いいと思ったら全力で動くということです。

行動しないと何も見えないということです。何も分からないということです。行動こそ、

最大の学習なりということです。部屋の中でいくら勉強したって、これを、社会の中の現場に落とさなければ、意味がないわけでしょう。現場に落とすためには、部屋の中の知識では、答が見つけにくいです。現場に行ったら、現場ごとに全部、多様性があって違います。アプローチが違いますから、現場毎に試行錯誤して、課題に適合するように、臨機応変に作っていくしかないということです。

現場力―現場でできる力

18番目は、「現場力」です。

現場で何ができるかということです。国会が現場ではありません。被災地が現場ですから。世界が現場ですから。その現場で何ができるかということです。

実現力―形地を残す力、身近な小さなことから取り組む

19番目は、「実現力」です。

本当に、それをなし遂げられるかという力です。口ではいくら偉そうなことを言ったところで、本当に何ができるんですかと言うことです。ですから、市民団体の皆さんは大きなことに挑戦しては、駄目です。小さくやりましょう。

自分の身近なことから、やりましょう。そして、現場で具体的に動いて、小さな形・成果を残してください。ほんの小さな形でも、いいんです。これは自己満足の領域でいいですから。「私はこんなにやっている」とか「私がやっているからここまでできたのだから、やらなければならない」とか、そんな発言は絶対、止めてください。淡々とやってください。必ず誰かが、声をかけてくれます。人間がかけなかったら、犬がおしっこをしてくれます。猫が糞をしてくれます。いいじゃないですか。犬でも猫でも、応援してくれりゃ。

問題解決力—総合的な力を駆使して問題を解決して行く力

20番目は、「問題解決力」です。

これは重要ですね。問題があって、解決できなければ、あんた止めちゃったら、という話しですから。大げさな話で申し訳ないですが、問題をどうやって解決するのか。これは多様な力が要ります。いろんな経験知も必要です。一人じゃ無理です。行政も大切です。企業の力も大切です。一人一人の力が、より大切です。先ほどの話しに戻りますが、総合的な力を駆使して、問題を解決していって頂きたいと思います。

先験力、柔軟力、創意工夫力、創造力、迅速力、説得力

21番目は、「先験力」です。

「先験」の「験」は実験するの「験」です。とにかく、先にやってください。試行錯誤して「ああやったらいいのかな」「こうやったらいいのかな」というのが富士山のバイオトイレへの取り組みでした。私はちょうど10年前に富士山クラブを作り、行政が3億円もかけて、山梨県と静岡県が、「バイオトイレをどうしたらいいのか」「し尿をどうしたらいいのか」と、調査をしていました、その間隙をぬって、富士山クラブを動かし、約４２００万円を集めて、バイオトイレを富士山の頂上に設置しました。

これがきっかけになって、富士山でのバイオトイレが一気に設置できるようになったと、勝手に思っています。しかも、今まで誰もやったことがないものを我々が一番、最初にやりましたから。風速90ｍ、マスナス50度、積雪９ｍの所に、冬場、バイオトイレを2年間、置いて来たわけです。しかし、バクテリアは死にませんでした。こんな難しいことを実証実験した人が、世界のどこにいるというんですか。私しかいないじゃないですか。

ここには、富士山に60回以上登山した人がいますか。いないでしょう。年の2カ月間しか、

富士山には登山できないわけです。7月1日が開山式で、8月26日の富士吉田の火祭りで閉山するわけで、この間15回、登ったわけです。金曜日に仕事が終わったら、静岡県側の富士山五合目まで車で行って、夜中にライトをつけて登って行き、日曜日の夕方、降りて来て、そして次の朝、県庁に行って冗談ですが静養するんです。

あそこは保養所なのかもしれません。ゆっくりと体力を練って、また金曜日の夜に行くわけです。大変、失礼しました。というわけで、先験力が大事です。この先験力の中には、多様な力として、柔軟力とか、創意工夫力とか、創造力とか、迅速力とか、説得力とかが入っていると思います。

国際力─国内ばかりじゃなく外国人と交流して行く力、意識を持つこと

22番目は、「国際力」です。

今や円高も含め、国内は空洞化し、企業はどんどん海外に出ていっています。実はつい先週、私は台湾に1週間行ってきました。台湾の大学に呼ばれて。台湾大学から始まって、台南、高雄の大学で講演して参りました。

夜は地元の方、NPOの方、数十団体の方々とお話をして参りました。台湾は20年ぶりで

したが、一番、驚いたのは、学生がほとんど、英語が流暢であることです。授業の多くは英語でやっているようです。日本語やベトナム語、フランス語、スペイン語も上手でした。私も今、大学で教鞭を取っていますが、言葉については、台湾の大学生に抜かれてしまったと感じています。日本の若者は、世界というフィールドで戦えますかね。

ＮＰＯも世界に出て行きましょう。グラウンドワーク三島は、アフリカでバイオトイレを販売しようと計画しています。中国や韓国でも販売しようと考えています。今後、日本の市民団体も、国内ばかりできなく、海外の人たちと積極的に継続的に交流を図って行く、そういう力、意識です。意識が大事だということです。すぐに行きなさいと言っているわけじゃないですけど、世界を見て、情報収集能力も含めて、リーダーであるならば大きな心をもつことが大切です。

地域というだけではなくて、視点や感性として、情報収集の範囲として、世界を目指していくことです。今、世界のＮＰＯがどういう動きをしているのかを知ること、幻の法律と言われた韓国ナショナルトラスト法が韓国で6年前に制定されました。いろいろな財産を寄付したら、すべて税制で優遇されます。

もう日本を捨てて、どんどん海外に出て行きましょう。とりあえず、意識だけでも。皆さんは、最後は死んで「千の風」になるのですから。偏西風で世界をぐるぐると回るわけですから、同じようなものです。生きているうちから、風になって世界中を飛び回りましょう。

マネジメント力─経営力とリスク対応力

23番目が、「マネジメント力」です。

これは、経営力です。経営ってなんですか。マネジメントとは、どうやって人を動かすかです。どうやってものや情報などを動かすかです。どうやって、お金を確保するかです。どうやって楽しい事業を作れるかです。どうやって作ったものを維持管理できるかです。

そしてリスク管理です。幸せなことばかりが続くわけじゃないですから、いろんな事件、事故が起きた時に、どう対応するのかというシミュレーションを作れますか、ということです。そればかりではありませんが、マネジメント力を身につけて頂きたいと思います。

ビジネス力

24番目は、「ビジネス力」です。

（１）稼ぐ力、人材を活用する力、雇用を生み出す力

私は今回、ＮＰＯの人材育成事業として、内閣府から10億円をいただきました。お陰さまで２４００人、実は応募が３８００人近くきまして、１０００人近くのキャンセル待ちという、とてつもない規模の研修になったわけです。全国から４泊５日で三島に研修に来ていただきました。そして１０９人の方に開業していただきました。事業は大成功ということになったわけです。

そこで私から説明させていただいたのが、「ＮＰＯで稼いでベンツに乗ろう」ということ、「ＮＰＯで大金持ちになろう」ということです。ＮＰＯは「市民会社」です。ですから、がんがんと稼いで、がんがんと税金や法人税、消費税を支払いましょう。そして、雇用を生み出しましょう。そういう意識を持って頂きたいと思います。

イギリスでは、ＮＰＯ・社会的企業の領域において、約50万人が働いているといわれています。この領域・階層を「中間労働市場」と呼んでいます。半分以上が女性の職場です。そして約50万団体のボランタリーセクターが、ここに存在しているんです。約５千億円のお金が資金として動いています。こういう新しい労働市場を、日本においても作らないと、若者、女性、高齢者などの雇用は生まれません。

日本は人材という日本国にとっての最大の資源を無駄「人材の倉庫」にしている国です。人こそ国の「礎・宝」です。人を大切にできない、人を活用できない、亡国に成り下がっています。「歳をとったら皆、保障する」「社会保障でお金を貰う人」みたいな、そんなイメージを持っています。こんな失礼なことは、私はないと思います。お年寄りでも化粧を厚めにして、シワを隠して、幸せなふうにして、そして、お店に出て、戦って、ものを売って、稼いで、年金を返上しましょう。生産性を生みだしましょう。皆、病気になる暇がない、死ぬ暇もない。元気に働いて生きていくしかない社会にしましょう。

老若男女、すべてが、人材です。人材という、資源なんです。そういう人を評価すればいいのに、それ「手当だ」「保障だ」「施し」みたいなことを政府は言っています。「貴方方、その原資は、借金と増税でしょう」というふうに思いませんか。僕は、国の施策の迷走と不適切性、混乱が始まっているような気がします。

（2）自分たちでビジネスを起こす力

先ほど、自立と言ったように、自分たちでビジネスを起こしてください。一つ、プランを言います。私たちが今、何をやっているか。2ヘクタールの竹林を借りています。グラウンドワーク三島の森ということで、今まで、少しづつ間伐を進めてきています。その中に、放置された竹林があります。４月の春咲きになったら、盛んに伸びてくる筍を片っ端から掘り出しているんです。20日間ほどの間、集中的に竹林に出向けば、用は済みます。後は、間伐する必要はなくなります。筍は、湯がいて、一つ３５０円で販売しました。竹林は、宝の山です。活用策を工夫すれば、簡単に、お金が儲かるのです。

皆さんは、なんで規格外野菜や屑野菜を買ってこないんですか。貰ってこないんですか。三島の箱根西麓において、人参を掘り起こしたら、傷ついたり、形の悪いもの、虫のついたものは、畑にそのまま放置してしまいます。それを、朝の4時半に農地に出かけ、箱を持って後ろからついて歩くんです。これらを、購入野菜とともに、街中カフェで販売していますが、よく売れます。１日２万円程度売っています。皆さんも、すぐできると思いますので、始めませんか。捨てられてしまう野菜の新たな活用術です。多様な知恵を出して、資源・商品としての有効活用を商売として実船しませんか。

さらに、工夫すれば、耕作放棄地は、宝の山になります。竹林も宝の山。放置され活用されていない、地域資源は、皆、宝の山だと思います。お年寄が中心になって、散歩のふりをして、犬を連れて行って、筍を掘って、それを、お店に売って、それでおおいに稼いで、儲けて、ハワイに行きましょう。

決断力

25番目は、「決断力」です。

リーダーとしての最大の仕事は、最終的な物事の方向性、是非を決める決断力・判断力の有無です。多様な活動に取り組めば、取り組むほど、諸般の問題が発生します。実施が適切なのか、修正・中止・撤退が、適切なのかを、多角的な情報を集め、関係者との議論・協議を含めて、的確・適切な指針をだし、最終決定を行い、全責任を担うのが、リーダーの役割だと思います。

リーダーとは、責任ばかりが大きくて、割にあいません。こんなつらい立場を喜んで担う人がいますすか。多分、今すぐに、やめた方がいいと思います。ボランティアとして、お気軽に活動に参加している方が、プレッシャーも受けず、精神的にも疲れません。

しかし、世の中、常に「光と影」が存在します。新聞やテレビに出て、一見華やかに見え、何の心配もなく、絶好調で物事を処理しているような「光」の部分の裏には、人には言えない苦労や重圧が内在しているのです。この事実が、「影」の部分といえます。この影を恐れて、いろいろなことから逃げても、問題は解決しませんし、建設的なことにはならないと思います。リーダーは、もしかしたら、「鈍感性」が必要とされ、さらなる裏に、敏感な「感受性」も求められるのかもしれません。

それでは、私が、何故、20年もの間、一定の責任がかかる事務局長を担ってきたのでしょうか。それは、やはり、自分の夢や意思が、多くの人々との協働関係により、確実に実現できるからです。多くの試行錯誤と不安、戸惑いを乗り越え、課題解決の後には、事実関係・成果が現場に残り、確実に地域や環境が再生、復活できたとの達成感、充実感を味わえることが、「原動力・推進力」になっています。

多様な苦労や困難を乗り越え、経験知として蓄積していくことの連続性の中から、リーダーとしての資質は、研磨されていきます。とにかく、組織の基盤として、何事にも耐えていくのが、リーダーだと考えています。まさに、ＮＰＯやボランティアの世界は、「人生修行」の道場ではないかと思います。何事にも逃げず、戦えとはいいません。いい加減に、お気軽に、ひたすら、前を向いて前進しかないのかもしれません。成長とチャンスは、自分から挑まないと、何も始まらないと思います。因果な立場と役割ですが、頑張りましょう。

最後になりますが、僕はいつも３つの言葉を大切にしています。パッション、情熱です。

それからアクション、行動。それからミッション、理念。「パッション、アクション、ミッション」この3つのションを頭の中に入れておいてください。

とにかく地域は皆さんのものです。地域とは皆さんの財産です。そして、この財産は宝です。宝は繋いでいかなければいけないものです。そういう意味では、奮い立って頂いて、自分の地域を作り直していただき、あるいは守り直していただき、伝えていくという仕事に取りかかっていただきたい。私たちが、こうやって生きていけるのは、祖先があってこそのことなんじゃないでしょうか。そういう人間としての基本的な義務を、いよいよ原点に戻って、粛々とやれる範囲でやっていくということではないかと考えております。生意気な話を大分いたしましたが、住みよい地域とは、そういうことではないかと思います。

総括的なまとめになりますが、あとは、「人間力」です。

人という字は忍耐の字だと思うんです。大きな棒を小さな棒が支えています。これ、ひどいじゃないですか。大きな人が小さい人を支えればいいのに、小さい人が大きな人を支えているんです。というわけで、世の中というのは、道理に反したことが多いと思うんです。ゆえに、小さい人を、多くの人が、小さい人が寄り添って、そして、心という支援、あるいは行動という支援、色々な支援の仕方があると思いますが、支え合って社会を作っていく、これこそが本当の意味の豊かな社会、国家というものではないかという気がします。

日本は、民主党に代わって、いわゆる「恵む・施す」という手当、保障、なんでも来い、なんでもオッケーとなりました。その裏で、消費税ありきで増税する、非生産的な繰り返しです。これでは生産性というものが完全に崩れて、経済循環が起きていないので、必ず、さらなる財政的な破綻が再発します。

皆さん方に、大きなしっぺ返しが必ず帰ってくると私は考えています。そういうことに気がついた皆さんですから、この気づきを、行動によって具現化していただきたい。そして、次世代に伝えて行っていただきたい。さらに、地域の中で、おおいなるリーダーになっていただいて、静岡県など全国各地を盛り立てていただきたいと期待しております。

他の県なんかどうでもいいんです。とにかく、私のふるさとである三島市が良くなりゃいいんです。皆さんのふるさとが良くなりゃいいんですから。これが愛知県に行くと「愛知県が良くなりゃいい」「静岡県はどうでもいい」なんて言っているだけなんですが、でもまあ、全国各地、すべて素敵な県・地域だと思います、頑張って、皆さんの力で、地域を盛り立てていっていただければと思います。

あとがき

しばらく激務が続き、ゆっくりとした時間を確保することができませんでした。多種多様な難題・処理事項が、次から次へと連続的に発生して、その対応に追われ、物事を整理し、文章化して残していくことが、残念ながらできなくなってしまっています。

活動や組織の日々の運営に埋没していては、NPOのマネジメントとして問題があると講演会や大学の授業で話しているのに、恥ずかしながら、自分としてはなかなか対応できていません。しかし、小さな出来事ではありますが、今、この事実を解決しなくてはならないことを、着実に一つずつ処理していくことが、逆に、最大のマネジメント、経験知の蓄積だとも考えています。

2年間続けてきた、内閣府の「地域社会雇用創造事業」も終わり、新たな事業への取り組みの一歩も始まり出しています。平成24年度は、グラウンドワーク三島の設立20周年、松毛川や境川・清住緑地の再生、震災復興事業の取り組みなど、グラウンドワーク三島の次なる挑戦も控えています。

今年は4月2日から、平成24年度が始まりました。グラウンドワーク三島の事業年度としては、20回目となる記念すべき年度といえます。特に、この時期は、内閣府「地域社会雇用創造事業」の担当職員として、2年間にわたり、頑張っていただいた多くの職員が、三島を巣立ち新天地に旅立っていきました。毎年、繰り返される、年度替わりの新陳代謝のあれこれではありますが、去っていくもの、新たに加わってくるもの、残って引き続き仕事を続けるものなど、悲喜こもごもです。

多様な思い出や感慨が脳裏を交錯し、辛く、寂しい、惜別の思いが増幅する時期でもあります。3月中旬から年度初めまで、昨年度の事業や会計の整理、確認を行い、さらに、新年度の事業費と人件費の確保見込みの最終的な確認や執行体制の再編成、人員配置の調整、支援者や理事、評議員の意見調整や聞き取りなど、多忙な日々が続きました。

実は、毎年、このような、同じことが繰り返されてきました。本当に、「飽きずに、諦めずに、ここまで、やり続けて来たな」と自分でも納得しています。「新年度の予算は必要額を確保できるのだろうか、現在の職員の継続雇用が可能なのか、支援者は引き続き応援してくれるのだろうか、現在の組織のあり方や職員の対応などをどのように評価していてくれるのだろうか、私たちの事業は真に今日的・緊急的な課題に適合し社会的な使命を的確に果たしているのだろうか、さらに苦労していろいろな事業に挑戦していく意味・意義があるのだろうか」など、その迷いと不安は際限もありません。

これらの組織維持・発展のための試行錯誤は、毎年の春の年中行事です。本当に苦しく、追い詰められた、孤独感にさいなめられる心境であり、事務局運営の責任者である事務局長の重要な責務ともいえます。企業や役所では、これらの課題は、組織運営上、当然の事態であり、担当部局が段取りよく、年次計画を立て、戦略的に対応していると思います。

私も役所で働いていた経験を持ち、長年、NPOの事務局長を担ってきましたが、残念ながら、力不足が原因だと思いますが、毎年、同じような苦労と不安を抱え、なんとか、春を迎えてきました。本書において、長々と偉そうに、組織運営の戦略的なマネジメントをお話しさせていただいた者としては、恥ずかしい現実・実態といえるのかもしれません。

しかし、まあ、現実社会は、そんなものだとも開き直って考えています。NPOは、「走りながら物事や課題を解決していく楽観的で前向きな組織」です。あれこれ、定義づけて、固定化してしまうと、官僚主義的な組織になってしまい、活動が委縮し、つまらなくなってしまいます。人心も乖離し、創造的で斬新な挑戦や取り組みができなくなってしまいます。

やはり、大局を見定めて、行政や企業とは違う、市民目線の組織として、地域の中において、具体的な形で何ができるのかを現実的にとらえ、行動し、成果と実績を残し、地域住民の信頼と評価を蓄積していくことが大切だと考えています。

「いい加減」が、NPOの真骨頂です。「不安」は活動の原動力であり、「迷い」は進化と深化への階段であり、「悲しみ」は弱者の心情を知るステップであり、「誤解や対立」は人の優しさや思いやりの心を育てる栄養源でもあります。これら世の中に存在する「負のプレッシャー」を跳ね飛ばし、新たなるNPOの可能性に挑戦していくのが、NPO運営の「醍醐味」です。その組織の中核に存在しているのが、事務局長であり、辛く・苦しい立場ではありますが、逆に、やりがいのある創造的な立場でもあります。

人の成長の源泉は、楽しさと辛さの経験知の重なり合いだと思います。楽しさは大切で嬉しいですが、いつまでも続きません。辛さも体験せざるを得ませんが、いつまでも続きません。世の中の「光と影」は、相互に交錯し、辛さや悔しさ、切なさを経験し、冷静に耐え、甘んずることで、強靭な精神と心が育成されます。交錯する多様な経験は、人生の現実・糸です。糸は弱者を含めた、多様な人々であり、人々と寄り添った活動が、人々を明るくし、弱者の目線にたった「共助」の地域社会を創りあげていきます。

これらの理想郷を実現するのが、人々であり、その事実と現実を学び、解決していけるのが、NPOの役割・力です。人は人に傷付けられ、人は人に支えられ、それらのつながり・

絆から、勇気をもらって元気になっていきます。このプロセスから、善意に満ちた人々の集合体であるＮＰＯが、さらに、強固で実効性の高いサービスを提供することによって、ＮＰＯの可能性を実証していかなくてはなりません。

大学を巣立ち、社会人になった若者たちよ、まずは、現在の自分に任せられた仕事に集中し、懸命で地道な努力を続けることが第一義です。ただし、迷い、疲れたら、ＮＰＯの活動に参加するなど、もう一人の自分を表現できる時間や空間、仲間を持つことが大切です。車のハンドルに「遊び」があるように、自分の心と時間に遊びを持てるような余裕が必要とされています。

私自身も、グラウンドワーク三島での活動があるからこそ、もう一人の自己表現の場を持て、楽しく、充実した人生を送れていると実感しています。今後も、地域をもっと良くするための自分自身の問題意識に立った、新たな挑戦が実行できるのも、ＮＰＯの場を持ち得ているからだと考えています。まずは、自分の時間を、ボランティア活動などに提供し、参加することを通して、多様な人々とのつながりを広げていけば、新たなる自分を発見できると思います。これはもう一人の自分探しのための「授業料・投資」だと考えるべきです。

今年も、グラウンドワーク三島は、インターンを受け付けています。宿泊のための寮も完備しているので、休みや休日など気軽に現場活動に参加して、多様な人々との交流・拡大に挑戦して下さい。自分を変え、元気にしていくための勇気ある行動を待っています。

本書は、ＮＰＯ・ボランテイア活動に関わっている人々を始めとして、自分の生き方や方向性などに悩んでいる若者、再度、もうひと花人生のステージで社会的役割を果たしたいと欲している高齢者、専門性を持っているがその能力を発揮できる場を模索している女性、地域資源を活用して停滞化が進行する村や街の活性化を目指す人たち、そして、社会的な新たなサービスを発意し起業を考えている人々への支援のメッセージだと考えています。

最後になりますが、本書をまとめるに当たり、つたない文章を整理し、校正などの手助けをしてくれた、金沢大学准教授の松下重雄氏やグラウンドワーク三島の松田徳子氏、この本の出版へのきっかけをつくってくれた静岡新聞社論説委員長の榛葉隆行氏、本書の編集に当たり、お世話になった静岡新聞社編集局出版部の石垣詩野氏のほか、陰ながら私を支え励ましてくれた妻に、この場を借りて心より感謝申し上げます。三島のジャンボより。

平成24年6月

渡辺　豊博

渡辺　豊博（わたなべ・とよひろ）
1950年秋田県生まれ。静岡県立沼津東高等学校卒業。東京農工大学農学部農業生産工学科卒業。静岡県庁職員を経て、2008年4月より都留文科大学文学部社会学科教授。現在までに、静岡大学・早稲田大学・静岡県立大学大学院・富士常葉大学・東海大学・非常勤講師、などを歴任。日本で最初の市民・ＮＰＯ・行政・企業が、パートナーシップを組む、英国で始まったグラウンドワーク（環境改善活動）を故郷・三島市で始める。三島ゆうすい会、ＮＰＯ法人グラウンドワーク三島、(財)日本グラウンドワーク協会（県から２年間派遣）、ＮＰＯ法人富士山測候所を活用する会などの事務局長を歴任。著書に「ＮＰＯ実践講座」「環境共生の都市づくり」（ぎょうせい・共著）、「清流の街がよみがえった」（中央法規出版）、「富士山学」「三島のジャンボさん」（春風社）、「英国発グラウンドワーク」（春風社・共著）など多数。

共助社会の戦士たち
～NPO・社会的企業成功への処方箋

静新新書　043

2012年８月17日初版発行

著　者／渡辺　豊博
発行者／大石　剛
発行所／静岡新聞社
〒422-8033　静岡市駿河区登呂3-1-1
電話　054-284-1666

印刷・製本　図書印刷
・定価はカバーに表示してあります
・落丁本、乱丁本はお取替えいたします

ISBN978-4-7838-0366-9 C1236